PERSA

VOCABULARIO

ESPAÑOL-PERSA

Las palabras más útiles
Para expandir su vocabulario y refinar
sus habilidades lingüísticas

7000 palabras

Vocabulario Español-Persa - 7000 palabras más usadas

por Andrey Taranov

Los vocabularios de T&P Books buscan ayudar en el aprendizaje, la memorización y la revisión de palabras de idiomas extranjeros. El diccionario se divide por temas, cubriendo toda la esfera de las actividades cotidianas, de negocios, ciencias, cultura, etc.

El proceso de aprendizaje de palabras utilizando los diccionarios temáticos de T&P Books le proporcionará a usted las siguientes ventajas:

- La información del idioma secundario está organizada claramente y predetermina el éxito para las etapas subsiguientes en la memorización de palabras.
- Las palabras derivadas de la misma raíz se agrupan, lo cual permite la memorización de grupos de palabras en vez de palabras aisladas.
- Las unidades pequeñas de palabras facilitan el proceso de reconocimiento de enlaces de asociación que se necesitan para la cohesión del vocabulario.
- De este modo, se puede estimar el número de palabras aprendidas y así también el nivel de conocimiento del idioma.

T&P Books Publishing
www.tpbooks.com

ISBN: 978-1-78716-737-7

Este libro está disponible en formato electrónico o de E-Book también.
Visite www.tpbooks.com o las librerías electrónicas más destacadas en la Red.

VOCABULARIO PERSA
palabras más usadas

Los vocabularios de T&P Books buscan ayudar al aprendiz a aprender, memorizar y repasar palabras de idiomas extranjeros. Los vocabularios contienen más de 7000 palabras comúnmente usadas y organizadas de manera temática.

- El vocabulario contiene las palabras corrientes más usadas.
- Se recomienda como ayuda adicional a cualquier curso de idiomas.
- Capta las necesidades de aprendices de nivel principiante y avanzado.
- Es conveniente para uso cotidiano, prácticas de revisión y actividades de auto-evaluación.
- Facilita la evaluación del vocabulario.

Aspectos claves del vocabulario

- Las palabras se organizan según el significado, no según el orden alfabético.
- Las palabras se presentan en tres columnas para facilitar los procesos de repaso y auto-evaluación.
- Los grupos de palabras se dividen en pequeñas secciones para facilitar el proceso de aprendizaje.
- El vocabulario ofrece una transcripción sencilla y conveniente de cada palabra extranjera.

El vocabulario contiene 198 temas que incluyen lo siguiente:

Conceptos básicos, números, colores, meses, estaciones, unidades de medidas, ropa y accesorios, comida y nutrición, restaurantes, familia nuclear, familia extendida, características de personalidad, sentimientos, emociones, enfermedades, la ciudad y el pueblo, exploración del paisaje, compras, finanzas, la casa, el hogar, la oficina, el trabajo en oficina, importación y exportación, promociones, búsqueda de trabajo, deportes, educación, computación, la red, herramientas, la naturaleza, los países, las nacionalidades y más ...

TABLA DE CONTENIDO

GUÍA DE PRONUNCIACIÓN

T&P alfabeto fonético	Ejemplo persa	Ejemplo español
['] (ayn)	دعوا [da'vā]	fricativa faríngea sonora
['] (hamza)	تایید [ta'id]	oclusiva glotal sorda
[a]	رود [ravad]	radio
[ā]	آتش [ātaš]	contraataque
[b]	بانک [bānk]	en barco
[č]	چند [čand]	mapache
[d]	هشتاد [haštād]	desierto
[e]	عشق [ešq]	verano
[f]	فندک [fandak]	golf
[g]	لوگو [logo]	jugada
[h]	گیاه [giyāh]	registro
[i]	جزیره [jazire]	ilegal
[j]	جشن [jašn]	jazz
[k]	کاج [kāj]	charco
[l]	لیمو [limu]	lira
[m]	ماجرا [mājarā]	nombre
[n]	نروژ [norvež]	sonar
[o]	گلف [golf]	bordado
[p]	اپرا [operā]	precio
[q]	لاغر [lāqar]	amigo, magnífico
[r]	رقم [raqam]	era, alfombra
[s]	سوپ [sup]	salva
[š]	دوش [duš]	shopping
[t]	ترجمه [tarjome]	torre
[u]	نیرو [niru]	mundo
[v]	ورشو [varšow]	travieso
[w]	روشن [rowšan]	acuerdo
[x]	کاخ [kāx]	reloj
[y]	بیابان [biyābān]	asiento
[z]	زنجیر [zanjir]	desde
[ž]	ژوئن [žuan]	adyacente

ABREVIATURAS
usadas en el vocabulario

Abreviatura en español

adj	-	adjetivo
adv	-	adverbio
anim.	-	animado
conj	-	conjunción
etc.	-	etcétera
f	-	sustantivo femenino
f pl	-	femenino plural
fam.	-	uso familiar
fem.	-	femenino
form.	-	uso formal
inanim.	-	inanimado
innum.	-	innumerable
m	-	sustantivo masculino
m pl	-	masculino plural
m, f	-	masculino, femenino
masc.	-	masculino
mat	-	matemáticas
mil.	-	militar
num.	-	numerable
p.ej.	-	por ejemplo
pl	-	plural
pron	-	pronombre
sg	-	singular
v aux	-	verbo auxiliar
vi	-	verbo intransitivo
vi, vt	-	verbo intransitivo, verbo transitivo
vr	-	verbo reflexivo
vt	-	verbo transitivo

CONCEPTOS BÁSICOS

Conceptos básicos. Unidad 1

1. Los pronombres

yo	man	من
tú	to	تو
él, ella, ello	u	او
nosotros, -as	mā	ما
vosotros, -as	šomā	شما
ellos, ellas	ān-hā	آنها

2. Saludos. Salutaciones. Despedidas

¡Hola! (form.)	salām	سلام
¡Buenos días!	sobh bexeyr	صبح بخیر
¡Buenas tardes!	ruz bexeyr!	روز بخیر!
¡Buenas noches!	asr bexeyr	عصربخیر
decir hola	salām kardan	سلام کردن
¡Hola! (a un amigo)	salām	سلام
saludo (m)	salām	سلام
saludar (vt)	salām kardan	سلام کردن
¿Cómo estáis?	haletān četowr ast?	حالتان چطور است؟
¿Cómo estás?	četorid?	چطورید؟
¿Qué hay de nuevo?	če xabar?	چه خبر؟
¡Hasta la vista! (form.)	xodāhāfez	خداحافظ
¡Hasta la vista! (fam.)	bāy bāy	بای بای
¡Hasta pronto!	be omid-e didār!	به امید دیدار!
¡Adiós!	xodāhāfez!	خداحافظ!
despedirse (vr)	xodāhāfezi kardan	خداحافظی کردن
¡Hasta luego!	tā bezudi!	تا بزودی!
¡Gracias!	motešakker-am!	متشکرم!
¡Muchas gracias!	besyār motešakker-am!	بسیار متشکرم!
De nada	xāheš mikonam	خواهش می کنم
No hay de qué	tašakkor lāzem nist	تشکر لازم نیست
De nada	qābel-i nadārad	قابلی ندارد
¡Disculpa!	bebaxšid!	ببخشید!
disculpar (vt)	baxšidan	بخشیدن
disculparse (vr)	ozr xāstan	عذر خواستن
Mis disculpas	ozr mixāham	عذرمی خواهم

¡Perdóneme!	bebaxšid!	ببخشید!
perdonar (vt)	baxšidan	بخشیدن
¡No pasa nada!	mohem nist	مهم نیست
por favor	lotfan	لطفاً
¡No se le olvide!	farāmuš nakonid!	فراموش نکنید!
¡Ciertamente!	albate!	البته!
¡Claro que no!	albate ke neh!	البته که نه!
¡De acuerdo!	besyār xob!	بسیار خوب!
¡Basta!	bas ast!	بس است!

3. Números cardinales. Unidad 1

cero	sefr	صفر
uno	yek	یک
dos	do	دو
tres	se	سه
cuatro	čāhār	چهار
cinco	panj	پنج
seis	šeš	شش
siete	haft	هفت
ocho	hašt	هشت
nueve	neh	نه
diez	dah	ده
once	yāzdah	یازده
doce	davāzdah	دوازده
trece	sizdah	سیزده
catorce	čāhārdah	چهارده
quince	pānzdah	پانزده
dieciséis	šānzdah	شانزده
diecisiete	hefdah	هفده
dieciocho	hijdah	هیجده
diecinueve	nuzdah	نوزده
veinte	bist	بیست
veintiuno	bist-o yek	بیست ویک
veintidós	bist-o do	بیست ودو
veintitrés	bist-o se	بیست وسه
treinta	si	سی
treinta y uno	si-yo yek	سی ویک
treinta y dos	si-yo do	سی ودو
treinta y tres	si-yo se	سی وسه
cuarenta	čehel	چهل
cuarenta y uno	čehel-o yek	چهل ویک
cuarenta y dos	čehel-o do	چهل ودو
cuarenta y tres	čehel-o se	چهل وسه
cincuenta	panjāh	پنجاه
cincuenta y uno	panjāh-o yek	پنجاه ویک

| cincuenta y dos | panjāh-o do | پنجاه ودو |
| cincuenta y tres | panjāh-o se | پنجاه وسه |

sesenta	šast	شصت
sesenta y uno	šast-o yek	شصت ویک
sesenta y dos	šast-o do	شصت ودو
sesenta y tres	šast-o se	شصت وسه

setenta	haftād	هفتاد
setenta y uno	haftād-o yek	هفتاد ویک
setenta y dos	haftād-o do	هفتاد ودو
setenta y tres	haftād-o se	هفتاد وسه

ochenta	haštād	هشتاد
ochenta y uno	haštād-o yek	هشتاد ویک
ochenta y dos	haštād-o do	هشتاد ودو
ochenta y tres	haštād-o se	هشتاد وسه

noventa	navad	نود
noventa y uno	navad-o yek	نود ویک
noventa y dos	navad-o do	نود ودو
noventa y tres	navad-o se	نود وسه

4. Números cardinales. Unidad 2

cien	sad	صد
doscientos	devist	دویست
trescientos	sisad	سیصد
cuatrocientos	čāhārsad	چهارصد
quinientos	pānsad	پانصد

seiscientos	šešsad	ششصد
setecientos	haftsad	هفتصد
ochocientos	haštsad	هشتصد
novecientos	nohsad	نهصد

mil	hezār	هزار
dos mil	dohezār	دوهزار
tres mil	se hezār	سه هزار
diez mil	dah hezār	ده هزار
cien mil	sad hezār	صد هزار
millón (m)	milyun	میلیون
mil millones	milyārd	میلیارد

5. Números. Fracciones

fracción (f)	kasr	کسر
un medio	yek dovvom	یک دوم
un tercio	yek sevvom	یک سوم
un cuarto	yek čāhārom	یک چهارم
un octavo	yek panjom	یک هشتم
un décimo	yek dahom	یک دهم

| dos tercios | do sevvom | دو سوم |
| tres cuartos | se čāhārrom | سه چهارم |

6. Números. Operaciones básicas

sustracción (f)	tafriq	تفریق
sustraer (vt)	tafriq kardan	تفریق کردن
división (f)	taqsim	تقسیم
dividir (vt)	taqsim kardan	تقسیم کردن

adición (f)	jamʿ	جمع
sumar (totalizar)	jam' kardan	جمع کردن
adicionar (vt)	ezāfe kardan	اضافه کردن
multiplicación (f)	zarb	ضرب
multiplicar (vt)	zarb kardan	ضرب کردن

7. Números. Miscelánea

cifra (f)	raqam	رقم
número (m) (~ cardinal)	adad	عدد
numeral (m)	adadi	عددی
menos (m)	manfi	منفی
más (m)	mosbat	مثبت
fórmula (f)	formul	فرمول

cálculo (m)	mohāsebe	محاسبه
contar (vt)	šemordan	شمردن
calcular (vt)	mohāsebe kardan	محاسبه کردن
comparar (vt)	moqāyse kardan	مقایسه کردن

¿Cuánto?	čeqadr?	چقدر؟
suma (f)	jam'-e kol	جمع کل
resultado (m)	natije	نتیجه
resto (m)	bāqimānde	باقیمانده

algunos, algunas ...	čand	چند
poco (adv)	kami	کمی
resto (m)	baqiye	بقیه
uno y medio	yek-o nim	یک و نیم
docena (f)	dojin	دوجین

en dos	be do qesmat	به دو قسمت
en partes iguales	be tāsavi	به تساوی
mitad (f)	nim	نیم
vez (f)	daf'e	دفعه

8. Los verbos más importantes. Unidad 1

| abrir (vt) | bāz kardan | باز کردن |
| acabar, terminar (vt) | be pāyān resāndan | به پایان رساندن |

aconsejar (vt)	nasihat kardan	نصیحت کردن
adivinar (vt)	hads zadan	حدس زدن
advertir (vt)	hošdār dādan	هشدار دادن
alabarse, jactarse (vr)	be rox kešidan	به رخ کشیدن
almorzar (vi)	nāhār xordan	ناهار خوردن
alquilar (~ una casa)	ejāre kardan	اجاره کردن
amenazar (vt)	tahdid kardan	تهدید کردن
arrepentirse (vr)	afsus xordan	افسوس خوردن
ayudar (vt)	komak kardan	کمک کردن
bañarse (vr)	ābtani kardan	آبتنی کردن
bromear (vi)	šuxi kardan	شوخی کردن
buscar (vt)	jostoju kardan	جستجو کردن
caer (vi)	oftādan	افتادن
callarse (vr)	sāket māndan	ساکت ماندن
cambiar (vt)	avaz kardan	عوض کردن
castigar, punir (vt)	tanbih kardan	تنبیه کردن
cavar (vt)	kandan	کندن
cazar (vi, vt)	šekār kardan	شکار کردن
cenar (vi)	šām xordan	شام خوردن
cesar (vt)	bas kardan	بس کردن
coger (vt)	gereftan	گرفتن
comenzar (vt)	šoru' kardan	شروع کردن
comparar (vt)	moqāyse kardan	مقایسه کردن
comprender (vt)	fahmidan	فهمیدن
confiar (vt)	etminān kardan	اطمینان کردن
confundir (vt)	qāti kardan	قاطی کردن
conocer (~ a alguien)	šenāxtan	شناختن
contar (vt) (enumerar)	šemordan	شمردن
contar con …	hesāb kardan	حساب کردن
continuar (vt)	edāme dādan	ادامه دادن
controlar (vt)	kontorol kardan	کنترل کردن
correr (vi)	davidan	دویدن
costar (vt)	qeymat dāštan	قیمت داشتن
crear (vt)	ijād kardan	ایجاد کردن

9. Los verbos más importantes. Unidad 2

dar (vt)	dādan	دادن
dar una pista	sarnax dādan	سرنخ دادن
decir (vt)	goftan	گفتن
decorar (para la fiesta)	tazyin kardan	تزیین کردن
defender (vt)	defā' kardan	دفاع کردن
dejar caer	andāxtan	انداختن
desayunar (vi)	sobhāne xordan	صبحانه خوردن
descender (vi)	pāyin āmadan	پایین آمدن
dirigir (administrar)	edāre kardan	اداره کردن
disculpar (vt)	baxšidan	بخشیدن

disculparse (vr)	ozr xāstan	عذر خواستن
discutir (vt)	bahs kardan	بحث کردن
dudar (vt)	šok dāštan	شک داشتن

encontrar (hallar)	peydā kardan	پیدا کردن
engañar (vi, vt)	farib dādan	فریب دادن
entrar (vi)	vāred šodan	وارد شدن
enviar (vt)	ferestādan	فرستادن

equivocarse (vr)	eštebāh kardan	اشتباه کردن
escoger (vt)	entexāb kardan	انتخاب کردن
esconder (vt)	penhān kardan	پنهان کردن
escribir (vt)	neveštan	نوشتن
esperar (aguardar)	montazer budan	منتظر بودن

esperar (tener esperanza)	omid dāštan	امید داشتن
estar de acuerdo	movāfeqat kardan	موافقت کردن
estudiar (vt)	dars xāndan	درس خواندن

exigir (vt)	darxāst kardan	درخواست کردن
existir (vi)	vojud dāštan	وجود داشتن
explicar (vt)	touzih dādan	توضیح دادن
faltar (a las clases)	qāyeb budan	غایب بودن
firmar (~ el contrato)	emzā kardan	امضا کردن

girar (~ a la izquierda)	pičidan	پیچیدن
gritar (vi)	faryād zadan	فریاد زدن
guardar (conservar)	hefz kardan	حفظ کردن
gustar (vi)	dust dāštan	دوست داشتن
hablar (vi, vt)	harf zadan	حرف زدن

hacer (vt)	anjām dādan	انجام دادن
informar (vt)	āgah kardan	آگاه کردن
insistir (vi)	esrār kardan	اصرار کردن
insultar (vt)	towhin kardan	توهین کردن

interesarse (vr)	alāqe dāštan	علاقه داشتن
invitar (vt)	da'vat kardan	دعوت کردن
ir (a pie)	raftan	رفتن
jugar (divertirse)	bāzi kardan	بازی کردن

10. Los verbos más importantes. Unidad 3

leer (vi, vt)	xāndan	خواندن
liberar (ciudad, etc.)	āzād kardan	آزاد کردن
llamar (por ayuda)	komak xāstan	کمک خواستن
llegar (vi)	residan	رسیدن
llorar (vi)	gerye kardan	گریه کردن

matar (vt)	koštan	کشتن
mencionar (vt)	zekr kardan	ذکر کردن
mostrar (vt)	nešān dādan	نشان دادن
nadar (vi)	šenā kardan	شنا کردن
negarse (vr)	rad kardan	رد کردن

objetar (vt)	moxalefat kardan	مخالفت کردن
observar (vt)	mošāhede kardan	مشاهده کردن
oír (vt)	šenidan	شنیدن
olvidar (vt)	farāmuš kardan	فراموش کردن
orar (vi)	do'ā kardan	دعا کردن
ordenar (mil.)	farmān dādan	فرمان دادن
pagar (vi, vt)	pardāxtan	پرداختن
pararse (vr)	motevaghef šhodan	متوقف شدن
participar (vi)	šerekat kardan	شرکت کردن
pedir (ayuda, etc.)	xāstan	خواستن
pedir (en restaurante)	sefāreš dādan	سفارش دادن
pensar (vi, vt)	fekr kardan	فکر کردن
percibir (ver)	motevajjeh šodan	متوجه شدن
perdonar (vt)	baxšidan	بخشیدن
permitir (vt)	ejāze dādan	اجازه دادن
pertenecer a …	ta'alloq dāštan	تعلق داشتن
planear (vt)	barnāmerizi kardan	برنامه ریزی کردن
poder (v aux)	tavānestan	توانستن
poseer (vt)	sāheb budan	صاحب بودن
preferir (vt)	tarjih dādan	ترجیح دادن
preguntar (vt)	porsidan	پرسیدن
preparar (la cena)	poxtan	پختن
prever (vt)	pišbini kardan	پیش بینی کردن
probar, tentar (vt)	talāš kardan	تلاش کردن
prometer (vt)	qowl dādan	قول دادن
pronunciar (vt)	talaffoz kardan	تلفظ کردن
proponer (vt)	pišnahād dādan	پیشنهاد دادن
quebrar (vt)	šekastan	شکستن
quejarse (vr)	šekāyat kardan	شکایت کردن
querer (amar)	dust dāštan	دوست داشتن
querer (desear)	xāstan	خواستن

11. Los verbos más importantes. Unidad 4

recomendar (vt)	towsie kardan	توصیه کردن
regañar, reprender (vt)	da'vā kardan	دعوا کردن
reírse (vr)	xandidan	خندیدن
repetir (vt)	tekrār kardan	تکرار کردن
reservar (~ una mesa)	rezerv kardan	رزرو کردن
responder (vi, vt)	javāb dādan	جواب دادن
robar (vt)	dozdidan	دزدیدن
saber (~ algo mas)	dānestan	دانستن
salir (vi)	birun raftan	بیرون رفتن
salvar (vt)	najāt dādan	نجات دادن
seguir …	donbāl kardan	دنبال کردن
sentarse (vr)	nešastan	نشستن
ser necesario	hāmi budan	حامی بودن

ser, estar (vi)	budan	بودن
significar (vt)	ma'ni dāštan	معنی داشتن
sonreír (vi)	labxand zadan	لبخند زدن
sorprenderse (vr)	mote'ajjeb šodan	متعجب شدن
subestimar (vt)	dast-e kam gereftan	دست کم گرفتن
tener (vt)	dāštan	داشتن
tener hambre	gorosne budan	گرسنه بودن
tener miedo	tarsidan	ترسیدن
tener prisa	ajale kardan	عجله کردن
tener sed	tešne budan	تشنه بودن
tirar, disparar (vi)	tirandāzi kardan	تیراندازی کردن
tocar (con las manos)	lams kardan	لمس کردن
tomar (vt)	bardāštan	برداشتن
tomar nota	neveštan	نوشتن
trabajar (vi)	kār kardan	کار کردن
traducir (vt)	tarjome kardan	ترجمه کردن
unir (vt)	mottahed kardan	متحد کردن
vender (vt)	foruxtan	فروختن
ver (vt)	didan	دیدن
volar (pájaro, avión)	parvāz kardan	پرواز کردن

12. Los colores

color (m)	rang	رنگ
matiz (m)	teyf-e rang	طیف رنگ
tono (m)	rangmaye	رنگمایه
arco (m) iris	rangin kamān	رنگین کمان
blanco (adj)	sefid	سفید
negro (adj)	siyāh	سیاه
gris (adj)	xākestari	خاکستری
verde (adj)	sabz	سبز
amarillo (adj)	zard	زرد
rojo (adj)	sorx	سرخ
azul (adj)	abi	آبی
azul claro (adj)	ābi rowšan	آبی روشن
rosa (adj)	surati	صورتی
naranja (adj)	nārenji	نارنجی
violeta (adj)	banafš	بنفش
marrón (adj)	qahve i	قهوه ای
dorado (adj)	talāyi	طلایی
argentado (adj)	noqre i	نقره ای
beige (adj)	baž	بژ
crema (adj)	kerem	کرم
turquesa (adj)	firuze i	فیروزه ای
rojo cereza (adj)	ālbāluyi	آلبالویی
lila (adj)	banafš yasi	بنفش یاسی

carmesí (adj)	zereški	زرشکی
claro (adj)	rowšan	روشن
oscuro (adj)	tire	تیره
vivo (adj)	rowšan	روشن

de color (lápiz ~)	rangi	رنگی
en colores (película ~)	rangi	رنگی
blanco y negro (adj)	siyāh-o sefid	سیاه و سفید
unicolor (adj)	yek rang	یک رنگ
multicolor (adj)	rangārang	رنگارنگ

13. Las preguntas

¿Quién?	če kas-i?	چه کسی؟
¿Qué?	če čiz-i?	چه چیزی؟
¿Dónde?	kojā?	کجا؟
¿Adónde?	kojā?	کجا؟
¿De dónde?	az kojā?	از کجا؟
¿Cuándo?	če vaqt?	چه وقت؟
¿Para qué?	čerā?	چرا؟
¿Por qué?	čerā?	چرا؟

¿Por qué razón?	barā-ye če?	برای چه؟
¿Cómo?	četor?	چطور؟
¿Qué ...? (~ color)	kodām?	کدام؟
¿Cuál?	kodām?	کدام؟

¿A quién?	barā-ye ki?	برای کی؟
¿De quién? (~ hablan ...)	dar bāre-ye ki?	درباره کی؟
¿De qué?	darbāre-ye či?	درباره چی؟
¿Con quién?	bā ki?	با کی؟

| ¿Cuánto? | čeqadr? | چقدر؟ |
| ¿De quién? | māl-e ki? | مال کی؟ |

14. Las palabras útiles. Los adverbios. Unidad 1

¿Dónde?	kojā?	کجا؟
aquí (adv)	in jā	این جا
allí (adv)	ānjā	آنجا

| en alguna parte | jā-yi | جایی |
| en ninguna parte | hič kojā | هیچ کجا |

| junto a ... | nazdik | نزدیک |
| junto a la ventana | nazdik panjere | نزدیک پنجره |

¿A dónde?	kojā?	کجا؟
aquí (venga ~)	in jā	این جا
allí (vendré ~)	ānjā	آنجا
de aquí (adv)	az injā	از اینجا
de allí (adv)	az ānjā	از آنجا

cerca (no lejos)	nazdik	نزدیک
lejos (adv)	dur	دور
cerca de ...	nazdik	نزدیک
al lado (de ...)	nazdik	نزدیک
no lejos (adv)	nazdik	نزدیک
izquierdo (adj)	čap	چپ
a la izquierda (situado ~)	dast-e čap	دست چپ
a la izquierda (girar ~)	be čap	به چپ
derecho (adj)	rāst	راست
a la derecha (situado ~)	dast-e rāst	دست راست
a la derecha (girar)	be rāst	به راست
delante (yo voy ~)	jelo	جلو
delantero (adj)	jelo	جلو
adelante (movimiento)	jelo	جلو
detrás de ...	aqab	عقب
desde atrás	az aqab	از عقب
atrás (da un paso ~)	aqab	عقب
centro (m), medio (m)	vasat	وسط
en medio (adv)	dar vasat	در وسط
de lado (adv)	pahlu	پهلو
en todas partes	hame jā	همه جا
alrededor (adv)	atrāf	اطراف
de dentro (adv)	az daxel	از داخل
a alguna parte	jā-yi	جایی
todo derecho (adv)	mostaqim	مستقیم
atrás (muévelo para ~)	aqab	عقب
de alguna parte (adv)	az har jā	از هر جا
no se sabe de dónde	az yek jā-yi	از یک جایی
primero (adv)	avvalan	اولاً
segundo (adv)	dumā	دوما
tercero (adv)	sālesan	ثالثاً
de súbito (adv)	nāgahān	ناگهان
al principio (adv)	dar avval	در اول
por primera vez	barā-ye avvalin bār	برای اولین بار
mucho tiempo antes ...	xeyli vaqt piš	خیلی وقت پیش
de nuevo (adv)	az now	از نو
para siempre (adv)	barā-ye hamiše	برای همیشه
jamás, nunca (adv)	hič vaqt	هیچ وقت
de nuevo (adv)	dobāre	دوباره
ahora (adv)	alān	الان
frecuentemente (adv)	aqlab	اغلب
entonces (adv)	ān vaqt	آن وقت
urgentemente (adv)	foran	فوراً
usualmente (adv)	ma'mulan	معمولاً

a propósito, ...	rãst-i	راستى
es probable	momken ast	ممکن است
probablemente (adv)	ehtemãlan	احتمالاً
tal vez	šãyad	شايد
además ...	bealãve	بعلاوه
por eso ...	be hamin xãter	به همين خاطر
a pesar de ...	alãraqm	عليرغم
gracias a ...	be lotf	به لطف

qué (pron)	če?	چه؟
que (conj)	ke	که
algo (~ le ha pasado)	yek čiz-i	يک چيزى
algo (~ así)	yek kãri	يک کارى
nada (f)	hič čiz	هيچ چيز

quien	ki	کى
alguien (viene ~)	yek kas-i	يک کسى
alguien (¿ha llamado ~?)	yek kas-i	يک کسى

nadie	hič kas	هيچ کس
a ninguna parte	hič kojã	هيچ کجا
de nadie	mãl-e hičkas	مال هيچ کس
de alguien	har kas-i	هر کسى

tan, tanto (adv)	xeyli	خيلى
también (~ habla francés)	ham	هم
también (p.ej. Yo ~)	ham	هم

15. Las palabras útiles. Los adverbios. Unidad 2

¿Por qué?	čerã?	چرا؟
no se sabe porqué	be dalil-i	به دليلى
porque ...	čon	چون
por cualquier razón (adv)	barã-ye maqsudi	براى مقصودى

y (p.ej. uno y medio)	va	و
o (p.ej. té o café)	yã	يا
pero (p.ej. me gusta, ~)	ammã	اما
para (p.ej. es para ti)	barã-ye	براى

demasiado (adv)	besyãr	بسيار
sólo, solamente (adv)	faqat	فقط
exactamente (adv)	daqiqan	دقيقا
unos ...,	taqriban	تقريباً
cerca de ... (~ 10 kg)		

aproximadamente	taqriban	تقريباً
aproximado (adj)	taqribi	تقريبى
casi (adv)	taqriban	تقريباً
resto (m)	baqiye	بقيه

el otro (adj)	digar	ديگر
otro (p.ej. el otro día)	digar	ديگر
cada (adj)	har	هر

cualquier (adj)	har	هر
mucho (adv)	ziyād	زیاد
muchos (mucha gente)	besyāri	بسیاری
todos	hame	همه

a cambio de ...	dar avaz	در عوض
en cambio (adv)	dar barābar	در برابر
a mano (hecho ~)	dasti	دستی
poco probable	baid ast	بعید است

probablemente	ehtemālan	احتمالاً
a propósito (adv)	amdan	عمداً
por accidente (adv)	tasādofi	تصادفی

muy (adv)	besyār	بسیار
por ejemplo (adv)	masalan	مثلاً
entre (~ nosotros)	beyn	بین
entre (~ otras cosas)	miyān	میان
tanto (~ gente)	in qadr	این قدر
especialmente (adv)	maxsusan	مخصوصاً

Conceptos básicos. Unidad 2

16. Los opuestos

rico (adj)	servatmand	ثروتمند
pobre (adj)	faqir	فقیر
enfermo (adj)	bimār	بیمار
sano (adj)	sālem	سالم
grande (adj)	bozorg	بزرگ
pequeño (adj)	kučak	کوچک
rápidamente (adv)	sari'	سریع
lentamente (adv)	āheste	آهسته
rápido (adj)	sari'	سریع
lento (adj)	āheste	آهسته
alegre (adj)	xošhāl	خوشحال
triste (adj)	qamgin	غمگین
juntos (adv)	bāham	باهم
separadamente	jodāgāne	جداگانه
en voz alta	boland	بلند
en silencio	be ārāmi	به آرامی
alto (adj)	boland	بلند
bajo (adj)	kutāh	کوتاه
profundo (adj)	amiq	عمیق
poco profundo (adj)	sathi	سطحی
sí	bale	بله
no	neh	نه
lejano (adj)	dur	دور
cercano (adj)	nazdik	نزدیک
lejos (adv)	dur	دور
cerco (adv)	nazdik	نزدیک
largo (adj)	derāz	دراز
corto (adj)	kutāh	کوتاه
bueno (de buen corazón)	mehrbān	مهربان
malvado (adj)	badjens	بدجنس

casado (adj)	mote'ahhel	متاهل
soltero (adj)	mojarrad	مجرد
prohibir (vt)	mamnu' kardan	ممنوع کردن
permitir (vt)	ejāze dādan	اجازه دادن
fin (m)	pāyān	پایان
principio (m)	šoru'	شروع
izquierdo (adj)	čap	چپ
derecho (adj)	rāst	راست
primero (adj)	avvalin	اولین
último (adj)	āxarin	آخرین
crimen (m)	jenāyat	جنایت
castigo (m)	mojāzāt	مجازات
ordenar (vt)	farmān dādan	فرمان دادن
obedecer (vi, vt)	etā'at kardan	اطاعت کردن
recto (adj)	mostaqim	مستقیم
curvo (adj)	monhani	منحنی
paraíso (m)	behešt	بهشت
infierno (m)	jahannam	جهنم
nacer (vi)	motevalled šodan	متولد شدن
morir (vi)	mordan	مردن
fuerte (adj)	nirumand	نیرومند
débil (adj)	za'if	ضعیف
viejo (adj)	kohne	کهنه
joven (adj)	javān	جوان
viejo (adj)	qadimi	قدیمی
nuevo (adj)	jadid	جدید
duro (adj)	soft	سفت
blando (adj)	narm	نرم
tibio (adj)	garm	گرم
frío (adj)	sard	سرد
gordo (adj)	čāq	چاق
delgado (adj)	lāqar	لاغر
estrecho (adj)	bārik	باریک
ancho (adj)	vasi'	وسیع
bueno (adj)	xub	خوب
malo (adj)	bad	بد
valiente (adj)	šojā'	شجاع
cobarde (adj)	tarsu	ترسو

17. Los días de la semana

lunes (m)	došanbe	دوشنبه
martes (m)	se šanbe	سه شنبه
miércoles (m)	čāhāršanbe	چهارشنبه
jueves (m)	panj šanbe	پنج شنبه
viernes (m)	jom'e	جمعه
sábado (m)	šanbe	شنبه
domingo (m)	yek šanbe	یک شنبه
hoy (adv)	emruz	امروز
mañana (adv)	fardā	فردا
pasado mañana	pas fardā	پس فردا
ayer (adv)	diruz	دیروز
anteayer (adv)	pariruz	پریروز
día (m)	ruz	روز
día (m) de trabajo	ruz-e kāri	روز کاری
día (m) de fiesta	ruz-e jašn	روز جشن
día (m) de descanso	ruz-e ta'til	روز تعطیل
fin (m) de semana	āxar-e hafte	آخر هفته
todo el día	tamām-e ruz	تمام روز
al día siguiente	ruz-e ba'd	روز بعد
dos días atrás	do ruz-e piš	دو روز پیش
en vísperas (adv)	ruz-e qabl	روز قبل
diario (adj)	ruzāne	روزانه
cada día (adv)	har ruz	هر روز
semana (f)	hafte	هفته
semana (f) pasada	hafte-ye gozašte	هفته گذشته
semana (f) que viene	hafte-ye āyande	هفته آینده
semanal (adj)	haftegi	هفتگی
cada semana (adv)	har hafte	هر هفته
2 veces por semana	do bār dar hafte	دو بار درهفته
todos los martes	har sešanbe	هر سه شنبه

18. Las horas. El día y la noche

mañana (f)	sobh	صبح
por la mañana	sobh	صبح
mediodía (m)	zohr	ظهر
por la tarde	ba'd az zohr	بعد ازظهر
noche (f)	asr	عصر
por la noche	asr	عصر
noche (f) (p.ej. 2:00 a.m.)	šab	شب
por la noche	šab	شب
medianoche (f)	nesfe šab	نصفه شب
segundo (m)	sānie	ثانیه
minuto (m)	daqiqe	دقیقه
hora (f)	sā'at	ساعت

media hora (f)	nim sã'at	نیم ساعت
cuarto (m) de hora	yek rob'	یک ربع
quince minutos	pãnzdah daqiqe	پانزده دقیقه
veinticuatro horas	šabãne ruz	شبانه روز
salida (f) del sol	tolu-'e ãftãb	طلوع آفتاب
amanecer (m)	sahar	سحر
madrugada (f)	sobh-e zud	صبح زود
puesta (f) del sol	qorub	غروب
de madrugada	sobh-e zud	صبح زود
esta mañana	emruz sobh	امروز صبح
mañana por la mañana	fardã sobh	فردا صبح
esta tarde	emruz zohr	امروز ظهر
por la tarde	ba'd az zohr	بعد ازظهر
mañana por la tarde	fardã ba'd az zohr	فردا بعد ازظهر
esta noche (p.ej. 8:00 p.m.)	emšab	امشب
mañana por la noche	fardã šab	فردا شب
a las tres en punto	sar-e sã'at-e se	سر ساعت ۳
a eso de las cuatro	nazdik-e sã'at-e čãhãr	نزدیک ساعت ۴
para las doce	nazdik zohr	نزدیک ظهر
dentro de veinte minutos	bist daqiqe-ye digar	۲۰ دقیقه دیگر
dentro de una hora	yek sã'at-e digar	یک ساعت دیگر
a tiempo (adv)	be moqe'	به موقع
... menos cuarto	yek rob' be	یک ربع به
durante una hora	yek sã'at-e digar	یک ساعت دیگر
cada quince minutos	har pãnzdah daqiqe	هر ۱۵ دقیقه
día y noche	šabãne ruz	شبانه روز

19. Los meses. Las estaciones

enero (m)	žãnvie	ژانویه
febrero (m)	fevriye	فوریه
marzo (m)	mãrs	مارس
abril (m)	ãvril	آوریل
mayo (m)	meh	مه
junio (m)	žuan	ژوئن
julio (m)	žuiye	ژوئیه
agosto (m)	owt	اوت
septiembre (m)	septãmbr	سپتامبر
octubre (m)	oktobr	اکتبر
noviembre (m)	novãmbr	نوامبر
diciembre (m)	desãmr	دسامبر
primavera (f)	bahãr	بهار
en primavera	dar bahãr	در بهار
de primavera (adj)	bahãri	بهاری
verano (m)	tãbestãn	تابستان

| en verano | dar tābestān | در تابستان |
| de verano (adj) | tābestāni | تابستانی |

otoño (m)	pāyiz	پاییز
en otoño	dar pāyiz	در پاییز
de otoño (adj)	pāyizi	پاییزی

invierno (m)	zemestān	زمستان
en invierno	dar zemestān	در زمستان
de invierno (adj)	zemestāni	زمستانی
mes (m)	māh	ماه
este mes	in māh	این ماه
al mes siguiente	māh-e āyande	ماه آینده
el mes pasado	māh-e gozašte	ماه گذشته

hace un mes	yek māh qabl	یک ماه قبل
dentro de un mes	yek māh digar	یک ماه دیگر
dentro de dos meses	do māh-e digar	۲ماه دیگر
todo el mes	tamām-e māh	تمام ماه
todo un mes	tamām-e māh	تمام ماه

mensual (adj)	māhāne	ماهانه
mensualmente (adv)	māhāne	ماهانه
cada mes	har māh	هر ماه
dos veces por mes	do bār dar māh	دو بار درماه

año (m)	sāl	سال
este año	emsāl	امسال
el próximo año	sāl-e āyande	سال آینده
el año pasado	sāl-e gozašte	سال گذشته
hace un año	yek sāl qabl	یک سال قبل
dentro de un año	yek sāl-e digar	یک سال دیگر
dentro de dos años	do sāl-e digar	۲سال دیگر
todo el año	tamām-e sāl	تمام سال
todo un año	tamām-e sāl	تمام سال

cada año	har sāl	هر سال
anual (adj)	sālāne	سالانه
anualmente (adv)	sālāne	سالانه
cuatro veces por año	čāhār bār dar sāl	چهار بار در سال

fecha (f) (la ~ de hoy es ...)	tārix	تاریخ
fecha (f) (~ de entrega)	tārix	تاریخ
calendario (m)	taqvim	تقویم

medio año (m)	nim sāl	نیم سال
seis meses	nim sāl	نیم سال
estación (f)	fasl	فصل
siglo (m)	qarn	قرن

20. La hora. Miscelánea

| tiempo (m) | zamān | زمان |
| momento (m) | lahze | لحظه |

instante (m)	lahze	لحظه
instantáneo (adj)	āni	آنی
lapso (m) de tiempo	baxši az zamān	بخشی از زمان
vida (f)	zendegi	زندگی
eternidad (f)	abadiyat	ابدیت

época (f)	asr	عصر
era (f)	dowre	دوره
ciclo (m)	čarxe	چرخه
periodo (m)	dowre	دوره
plazo (m) (~ de tres meses)	mohlat	مهلت

futuro (m)	āyande	آینده
futuro (adj)	āyande	آینده
la próxima vez	daf'e-ye ba'd	دفعه بعد
pasado (m)	gozašte	گذشته
pasado (adj)	gozašte	گذشته
la última vez	daf'e-ye gozašte	دفعه گذشته
más tarde (adv)	ba'dan	بعداً
después	ba'd az	بعد از
actualmente (adv)	aknun	اکنون
ahora (adv)	alān	الان
inmediatamente	foran	فوراً
pronto (adv)	be zudi	به زودی
de antemano (adv)	az qabl	از قبل

hace mucho tiempo	moddathā piš	مدت ها پیش
hace poco (adv)	axiran	اخیراً
destino (m)	sarnevešt	سرنوشت
recuerdos (m pl)	xāterāt	خاطرات
archivo (m)	āršiv	آرشیو
durante ...	dar zamān	در زمان
mucho tiempo (adv)	tulāni	طولانی
poco tiempo (adv)	kutāh	کوتاه
temprano (adv)	zud	زود
tarde (adv)	dir	دیر

para siempre (adv)	barā-ye hamiše	برای همیشه
comenzar (vt)	šoru' kardan	شروع کردن
aplazar (vt)	mowkul kardan	موکول کردن

simultáneamente	ham zamān	هم زمان
permanentemente	dāemi	دائمی
constante (ruido, etc.)	dāemi	دائمی
temporal (adj)	movaqqati	موقتی

a veces (adv)	gāh-i	گاهی
raramente (adv)	be nodrat	به ندرت
frecuentemente	aqlab	اغلب

21. Las líneas y las formas

cuadrado (m)	morabba'	مربع
cuadrado (adj)	morabba'	مربع

círculo (m)	dāyere	دایره
redondo (adj)	gard	گرد
triángulo (m)	mosallas	مثلث
triangular (adj)	mosallasi	مثلثی
óvalo (m)	beyzi	بیضی
oval (adj)	beyzi	بیضی
rectángulo (m)	mostatil	مستطیل
rectangular (adj)	mostatil	مستطیل
pirámide (f)	heram	هرم
rombo (m)	lowz-i	لوزی
trapecio (m)	zuzanaqe	ذوزنقه
cubo (m)	moka'ab	مکعب
prisma (m)	manšur	منشور
circunferencia (f)	mohit-e monhani	محیط منحنی
esfera (f)	kare	کره
globo (m)	kare	کره
diámetro (m)	qotr	قطر
radio (m)	šo'ā'	شعاع
perímetro (m)	mohit	محیط
centro (m)	markaz	مرکز
horizontal (adj)	ofoqi	افقی
vertical (adj)	amudi	عمودی
paralela (f)	movāzi	موازی
paralelo (adj)	movāzi	موازی
línea (f)	xat	خط
trazo (m)	xat	خط
recta (f)	xatt-e mostaqim	خط مستقیم
curva (f)	monhani	منحنی
fino (la ~a línea)	nāzok	نازک
contorno (m)	borun namā	برون نما
intersección (f)	taqāto'	تقاطع
ángulo (m) recto	zāvie-ye qāem	زاویه قائم
segmento (m)	qet'e	قطعه
sector (m)	baxš	بخش
lado (m)	taraf	طرف
ángulo (m)	zāvie	زاویه

22. Las unidades de medida

peso (m)	vazn	وزن
longitud (f)	tul	طول
anchura (f)	arz	عرض
altura (f)	ertefā'	ارتفاع
profundidad (f)	omq	عمق
volumen (m)	hajm	حجم
área (f)	masāhat	مساحت
gramo (m)	garm	گرم
miligramo (m)	mili geram	میلی گرم

kilogramo (m)	kilugeram	کیلوگرم
tonelada (f)	ton	تن
libra (f)	pond	پوند
onza (f)	ons	اونس
metro (m)	metr	متر
milímetro (m)	mili metr	میلی متر
centímetro (m)	sāntimetr	سانتیمتر
kilómetro (m)	kilumetr	کیلومتر
milla (f)	māyel	مایل
pulgada (f)	inč	اینچ
pie (m)	fowt	فوت
yarda (f)	yārd	یارد
metro (m) cuadrado	metr morabbaʿ	متر مربع
hectárea (f)	hektār	هکتار
litro (m)	litr	لیتر
grado (m)	daraje	درجه
voltio (m)	volt	ولت
amperio (m)	āmper	آمپر
caballo (m) de fuerza	asb-e boxār	اسب بخار
cantidad (f)	meqdār	مقدار
un poco de …	kami	کمی
mitad (f)	nim	نیم
docena (f)	dojin	دوجین
pieza (f)	tā	تا
dimensión (f)	andāze	اندازه
escala (f) (del mapa)	meqyās	مقیاس
mínimo (adj)	haddeaqal	حداقل
el más pequeño (adj)	kučaktarin	کوچکترین
medio (adj)	motevasset	متوسط
máximo (adj)	haddeaksar	حداکثر
el más grande (adj)	bištarin	بیشترین

23. Contenedores

tarro (m) de vidrio	šišeh konserv	شیشه کنسرو
lata (f)	quti	قوطی
cubo (m)	satl	سطل
barril (m)	boške	بشکه
palangana (f)	tašt	تشت
tanque (m)	maxzan	مخزن
petaca (f) (de alcohol)	qomqome	قمقمه
bidón (m) de gasolina	dabbe	دبه
cisterna (f)	maxzan	مخزن
taza (f) (mug de cerámica)	livān	لیوان
taza (f) (~ de café)	fenjān	فنجان

platillo (m)	na'lbeki	نعلبکی
vaso (m) (~ de agua)	estekān	استکان
copa (f) (~ de vino)	gilās-e šarāb	گیلاس شراب
olla (f)	qāblame	قابلمه
botella (f)	botri	بطری
cuello (m) de botella	gardan-e botri	گردن بطری
garrafa (f)	tong	تنگ
jarro (m) (~ de agua)	pārč	پارچ
recipiente (m)	zarf	ظرف
tarro (m)	sofāl	سفال
florero (m)	goldān	گلدان
frasco (m) (~ de perfume)	botri	بطری
frasquito (m)	viyāl	ویال
tubo (m)	tiyub	تیوب
saco (m) (~ de azúcar)	kise	کیسه
bolsa (f) (~ plástica)	pākat	پاکت
paquete (m) (~ de cigarrillos)	baste	بسته
caja (f)	ja'be	جعبه
cajón (m) (~ de madera)	sanduq	صندوق
cesta (f)	sabad	سبد

24. Materiales

material (m)	mādde	ماده
madera (f)	deraxt	درخت
de madera (adj)	čubi	چوبی
vidrio (m)	šiše	شیشه
de vidrio (adj)	šiše i	شیشه ای
piedra (f)	sang	سنگ
de piedra (adj)	sangi	سنگی
plástico (m)	pelāstik	پلاستیک
de plástico (adj)	pelāstiki	پلاستیکی
goma (f)	lāstik	لاستیک
de goma (adj)	lāstiki	لاستیکی
tela (f)	pārče	پارچه
de tela (adj)	pārče-i	پارچه ی
papel (m)	kāqaz	کاغذ
de papel (adj)	kāqazi	کاغذی
cartón (m)	kārton	کارتن
de cartón (adj)	kārtoni	کارتونی
polietileno (m)	polietilen	پلیاتیلن
celofán (m)	solofān	سلوفان

| linóleo (m) | linoleom | لینولئوم |
| contrachapado (m) | taxte-ye čand lāyi | تخته چند لایی |

porcelana (f)	čini	چینی
de porcelana (adj)	čini	چینی
arcilla (f), barro (m)	xāk-e ros	خاک رس
de barro (adj)	sofāli	سفالی
cerámica (f)	serāmik	سرامیک
de cerámica (adj)	serāmiki	سرامیکی

25. Los metales

metal (m)	felez	فلز
metálico (adj)	felezi	فلزی
aleación (f)	ālyiāž	آلیاژ

oro (m)	talā	طلا
de oro (adj)	talā	طلا
plata (f)	noqre	نقره
de plata (adj)	noqre	نقره

hierro (m)	āhan	آهن
de hierro (adj)	āhani	آهنی
acero (m)	fulād	فولاد
de acero (adj)	fulādi	فولادی
cobre (m)	mes	مس
de cobre (adj)	mesi	مسی

aluminio (m)	ālominiyom	آلومینیوم
de aluminio (adj)	ālominiyomi	آلومینیومی
bronce (m)	boronz	برنز
de bronce (adj)	boronzi	برنزی

latón (m)	berenj	برنج
níquel (m)	nikel	نیکل
platino (m)	pelātin	پلاتین
mercurio (m)	jive	جیوه
estaño (m)	qalʻ	قلع
plomo (m)	sorb	سرب
zinc (m)	ruy	روی

EL SER HUMANO

El ser humano. El cuerpo

26. El ser humano. Conceptos básicos

ser (m) humano	ensān	انسان
hombre (m) (varón)	mard	مرد
mujer (f)	zan	زن
niño -a (m, f)	kudak	کودک
niña (f)	doxtar	دختر
niño (m)	pesar bače	پسر بچه
adolescente (m)	nowjavān	نوجوان
viejo, anciano (m)	pirmard	پيرمرد
vieja, anciana (f)	pirzan	پيرزن

27. La anatomía humana

organismo (m)	orgānism	ارگانيسم
corazón (m)	qalb	قلب
sangre (f)	xun	خون
arteria (f)	sorxrag	سرخرگ
vena (f)	siyāhrag	سياهرگ
cerebro (m)	maqz	مغز
nervio (m)	asab	عصب
nervios (m pl)	a'sāb	اعصاب
vértebra (f)	mohre	مهره
columna (f) vertebral	sotun-e faqarāt	ستون فقرات
estómago (m)	me'de	معده
intestinos (m pl)	rude	روده
intestino (m)	rude	روده
hígado (m)	kabed	کبد
riñón (m)	kolliye	کليه
hueso (m)	ostexān	استخوان
esqueleto (m)	eskelet	اسکلت
costilla (f)	dande	دنده
cráneo (m)	jomjome	جمجمه
músculo (m)	azole	عضله
bíceps (m)	azole-ye dosar	عضلۀ دوسر
tríceps (m)	azole-ye se sar	عضلۀ سه سر
tendón (m)	tāndon	تاندون
articulación (f)	mofassal	مفصل

pulmones (m pl)	rie	ريه
genitales (m pl)	andām hā-ye tanāsol-i	اندام های تناسلی
piel (f)	pust	پوست

28. La cabeza

cabeza (f)	sar	سر
cara (f)	surat	صورت
nariz (f)	bini	بینی
boca (f)	dahān	دهان

ojo (m)	češm	چشم
ojos (m pl)	češm-hā	چشم ها
pupila (f)	mardomak	مردمک
ceja (f)	abru	ابرو
pestaña (f)	može	مژه
párpado (m)	pelek	پلک

lengua (f)	zabān	زبان
diente (m)	dandān	دندان
labios (m pl)	lab-hā	لب ها
pómulos (m pl)	ostexānhā-ye gune	استخوان های گونه
encía (f)	lase	لثه
paladar (m)	saqf-e dahān	سقف دهان

ventanas (f pl)	surāxhā-ye bini	سوراخ های بینی
mentón (m)	čāne	چانه
mandíbula (f)	fak	فک
mejilla (f)	gune	گونه

frente (f)	pišāni	پیشانی
sien (f)	gijgāh	گیجگاه
oreja (f)	guš	گوش
nuca (f)	pas gardan	پس گردن
cuello (m)	gardan	گردن
garganta (f)	galu	گلو

pelo, cabello (m)	mu-hā	مو ها
peinado (m)	model-e mu	مدل مو
corte (m) de pelo	model-e mu	مدل مو
peluca (f)	kolāh-e gis	کلاه گیس

bigote (m)	sebil	سبیل
barba (f)	riš	ریش
tener (~ la barba)	gozāštan	گذاشتن
trenza (f)	muy-ye bāfte	موی بافته
patillas (f pl)	xatt-e riš	خط ریش

pelirrojo (adj)	muqermez	موقرمز
gris, canoso (adj)	sefid-e mu	سفید مو
calvo (adj)	tās	طاس
calva (f)	tāsi	طاسی
cola (f) de caballo	dom-e asbi	دم اسبی
flequillo (m)	čatri	چتری

29. El cuerpo

mano (f)	dast	دست
brazo (m)	bāzu	بازو
dedo (m)	angošt	انگشت
dedo (m) del pie	šast-e pā	شصت پا
dedo (m) pulgar	šost	شست
dedo (m) meñique	angošt-e kučak	انگشت کوچک
uña (f)	nāxon	ناخن
puño (m)	mošt	مشت
palma (f)	kaf-e dast	کف دست
muñeca (f)	moč-e dast	مچ دست
antebrazo (m)	sā'ed	ساعد
codo (m)	āranj	آرنج
hombro (m)	ketf	کتف
pierna (f)	pā	پا
planta (f)	pā	پا
rodilla (f)	zānu	زانو
pantorrilla (f)	sāq	ساق
cadera (f)	rān	ران
talón (m)	pāšne-ye pā	پاشنهٔ پا
cuerpo (m)	badan	بدن
vientre (m)	šekam	شکم
pecho (m)	sine	سینه
seno (m)	sine	سینه
lado (m), costado (m)	pahlu	پهلو
espalda (f)	pošt	پشت
zona (f) lumbar	kamar	کمر
cintura (f), talle (m)	dur-e kamar	دور کمر
ombligo (m)	nāf	ناف
nalgas (f pl)	nešiman-e gāh	نشیمن گاه
trasero (m)	bāsan	باسن
lunar (m)	xāl	خال
marca (f) de nacimiento	xāl-e mādarzād	خال مادرزاد
tatuaje (m)	xāl kubi	خال کوبی
cicatriz (f)	jā-ye zaxm	جای زخم

La ropa y los accesorios

30. La ropa exterior. Los abrigos

ropa (f)	lebãs	لباس
ropa (f) de calle	lebãs-e ru	لباس رو
ropa (f) de invierno	lebãs-e zemestãni	لباس زمستانی
abrigo (m)	pãltow	پالتو
abrigo (m) de piel	pãlto-ye pustin	پالتوی پوستین
abrigo (m) corto de piel	kot-e pustin	کت پوستین
chaqueta (f) plumón	kãpšan	کاپشن
cazadora (f)	kot	کت
impermeable (m)	bãrãni	بارانی
impermeable (adj)	zed-e ãb	ضد آب

31. Ropa de hombre y mujer

camisa (f)	pirãhan	پیراهن
pantalones (m pl)	šalvãr	شلوار
jeans, vaqueros (m pl)	jin	جین
chaqueta (f), saco (m)	kot	کت
traje (m)	kat-o šalvãr	کت و شلوار
vestido (m)	lebãs	لباس
falda (f)	dãman	دامن
blusa (f)	boluz	بلوز
rebeca (f), chaqueta (f) de punto	jeliqe-ye kešbãf	جلیقه کشباف
chaqueta (f)	kot	کت
camiseta (f) (T-shirt)	tey šarr-at	تی شرت
pantalones (m pl) cortos	šalvarak	شلوارک
traje (m) deportivo	lebãs-e varzeši	لباس ورزشی
bata (f) de baño	howle-ye hamãm	حوله حمام
pijama (m)	pižãme	پیژامه
suéter (m)	poliver	پلیور
pulóver (m)	poliver	پلیور
chaleco (m)	jeliqe	جلیقه
frac (m)	kat-e dãman gerd	کت دامن گرد
esmoquin (m)	esmoking	اسموکینگ
uniforme (m)	oniform	اونیفورم
ropa (f) de trabajo	lebãs-e kãr	لباس کار
mono (m)	rupuš	روپوش
bata (f) (p. ej. ~ blanca)	rupuš	روپوش

32. La ropa. La ropa interior

ropa (f) interior	lebās-e zir	لباس زیر
bóxer (m)	šort-e bākser	شورت باکسر
bragas (f pl)	šort-e zanāne	شورت زنانه
camiseta (f) interior	zir-e pirāhan-i	زیر پیراهنی
calcetines (m pl)	jurāb	جوراب
camisón (m)	lebās-e xāb	لباس خواب
sostén (m)	sine-ye band	سینه بند
calcetines (m pl) altos	sāq	ساق
pantimedias (f pl)	jurāb-e šalvāri	جوراب شلواری
medias (f pl)	jurāb-e sāqeboland	جوراب ساقه بلند
traje (m) de baño	māyo	مایو

33. Gorras

gorro (m)	kolāh	کلاه
sombrero (m) de fieltro	šāpo	شاپو
gorra (f) de béisbol	kolāh beysbāl	کلاه بیس بال
gorra (f) plana	kolāh-e taxt	کلاه تخت
boina (f)	kolāh barre	کلاه بره
capuchón (m)	kolāh-e bārāni	کلاه بارانی
panamá (m)	kolāh-e dowre-ye boland	کلاه دوره بلند
gorro (m) de punto	kolāh-e bāftani	کلاه بافتنی
pañuelo (m)	rusari	روسری
sombrero (m) de mujer	kolāh-e zanāne	کلاه زنانه
casco (m) (~ protector)	kolāh-e imeni	کلاه ایمنی
gorro (m) de campaña	kolāh-e pādegān	کلاه پادگان
casco (m) (~ de moto)	kolāh-e imeni	کلاه ایمنی
bombín (m)	kolāh-e namadi	کلاه نمدی
sombrero (m) de copa	kolāh-e ostovānei	کلاه استوانه ای

34. El calzado

calzado (m)	kafš	کفش
botas (f pl)	putin	پوتین
zapatos (m pl) (~ de tacón bajo)	kafš	کفش
botas (f pl) altas	čakme	چکمه
zapatillas (f pl)	dampāyi	دمپایی
tenis (m pl)	kafš katān-i	کفش کتانی
zapatillas (f pl) de lona	kafš katān-i	کفش کتانی
sandalias (f pl)	sandal	صندل
zapatero (m)	kaffāš	کفاش
tacón (m)	pāšne-ye kafš	پاشنهٔ کفش

par (m)	yek joft	یک جفت
cordón (m)	band-e kafš	بند کفش
encordonar (vt)	band-e kafš bastan	بند کفش بستن
calzador (m)	pāšne keš	پاشنه کش
betún (m)	vāks	واکس

35. Los textiles. Las telas

algodón (m)	panbe	پنبه
de algodón (adj)	panbe i	پنبه ای
lino (m)	katān	کتان
de lino (adj)	katāni	کتانی
seda (f)	abrišam	ابریشم
de seda (adj)	abrišami	ابریشمی
lana (f)	pašm	پشم
de lana (adj)	pašmi	پشمی
terciopelo (m)	maxmal	مخمل
gamuza (f)	jir	جیر
pana (f)	maxmal-e kebriti	مخمل کبریتی
nilón (m)	nāylon	نایلون
de nilón (adj)	nāyloni	نایلونی
poliéster (m)	poliester	پلی استر
de poliéster (adj)	poliester	پلیاستر
piel (f) (cuero)	čarm	چرم
de piel (de cuero)	čarmi	چرمی
piel (f) (~ de zorro, etc.)	xaz	خز
de piel (abrigo ~)	xaz	خز

36. Accesorios personales

guantes (m pl)	dastkeš	دستکش
manoplas (f pl)	dastkeš-e yek angošti	دستکش یک انگشتی
bufanda (f)	šāl-e gardan	شال گردن
gafas (f pl)	eynak	عینک
montura (f)	qāb	قاب
paraguas (m)	čatr	چتر
bastón (m)	asā	عصا
cepillo (m) de pelo	bores-e mu	برس مو
abanico (m)	bādbezan	بادبزن
corbata (f)	kerāvāt	کراوات
pajarita (f)	pāpiyon	پاپیون
tirantes (m pl)	band šalvār	بند شلوار
moquero (m)	dastmāl	دستمال
peine (m)	šāne	شانه
pasador (m) de pelo	sanjāq-e mu	سنجاق مو

| horquilla (f) | sanjāq-e mu | سنجاق مو |
| hebilla (f) | sagak | سگک |

| cinturón (m) | kamarband | کمربند |
| correa (f) (de bolso) | tasme | تسمه |

bolsa (f)	keyf	کیف
bolso (m)	keyf-e zanāne	کیف زنانه
mochila (f)	kule pošti	کوله پشتی

37. La ropa. Miscelánea

moda (f)	mod	مد
de moda (adj)	mod	مد
diseñador (m) de moda	tarrāh-e lebas	طراح لباس

cuello (m)	yaqe	یقه
bolsillo (m)	jib	جیب
de bolsillo (adj)	jibi	جیبی
manga (f)	āstin	آستین
presilla (f)	band-e āviz	بند آویز
bragueta (f)	zip	زیپ

cremallera (f)	zip	زیپ
cierre (m)	sagak	سگک
botón (m)	dokme	دکمه
ojal (m)	surāx-e dokme	سوراخ دکمه
saltar (un botón)	kande šodan	کنده شدن

coser (vi, vt)	duxtan	دوختن
bordar (vt)	golduzi kardan	گلدوزی کردن
bordado (m)	golduzi	گلدوزی
aguja (f)	suzan	سوزن
hilo (m)	nax	نخ
costura (f)	darz	درز

ensuciarse (vr)	kasif šodan	کثیف شدن
mancha (f)	lakke	لکه
arrugarse (vr)	čoruk šodan	چروک شدن
rasgar (vt)	pāre kardan	پاره کردن
polilla (f)	šab parre	شب پره

38. Productos personales. Cosméticos

pasta (f) de dientes	xamir-e dandān	خمیر دندان
cepillo (m) de dientes	mesvāk	مسواک
limpiarse los dientes	mesvāk zadan	مسواک زدن

maquinilla (f) de afeitar	tiq	تیغ
crema (f) de afeitar	kerem-e riš tarāši	کرم ریش تراشی
afeitarse (vr)	riš tarāšidan	ریش تراشیدن
jabón (m)	sābun	صابون

champú (m)	šāmpu	شامپو
tijeras (f pl)	qeyči	قیچی
lima (f) de uñas	sohan-e nāxon	سوهان ناخن
cortaúñas (m pl)	nāxon gir	ناخن گیر
pinzas (f pl)	mučin	موچین
cosméticos (m pl)	lavāzem-e ārāyeši	لوازم آرایشی
mascarilla (f)	māsk	ماسک
manicura (f)	mānikur	مانیکور
hacer la manicura	mānikur kardan	مانیکور کردن
pedicura (f)	pedikur	پدیکور
bolsa (f) de maquillaje	kife lavāzem-e ārāyeši	کیف لوازم آرایشی
polvos (m pl)	pudr	پودر
polvera (f)	ja'be-ye pudr	جعبۀ پودر
colorete (m), rubor (m)	sorxāb	سرخاب
perfume (m)	atr	عطر
agua (f) de tocador	atr	عطر
loción (f)	losiyon	لوسیون
agua (f) de Colonia	odkolon	اودکلن
sombra (f) de ojos	sāye-ye češm	سایه چشم
lápiz (m) de ojos	medād čašm	مداد چشم
rímel (m)	rimel	ریمل
pintalabios (m)	mātik	ماتیک
esmalte (m) de uñas	lāk-e nāxon	لاک ناخن
fijador (m) para el pelo	esperey-ye mu	اسپری مو
desodorante (m)	deodyrant	دئودورانت
crema (f)	kerem	کرم
crema (f) de belleza	kerem-e surat	کرم صورت
crema (f) de manos	kerem-e dast	کرم دست
crema (f) antiarrugas	kerem-e zedd-e čoruk	کرم ضد چروک
crema (f) de día	kerem-e ruz	کرم روز
crema (f) de noche	kerem-e šab	کرم شب
de día (adj)	ruzāne	روزانه
de noche (adj)	šab	شب
tampón (m)	tāmpon	تامپون
papel (m) higiénico	kāqaz-e tuālet	کاغذ توالت
secador (m) de pelo	sešovār	سشوار

39. Las joyas

joyas (f pl)	javāherāt	جواهرات
precioso (adj)	qeymati	قیمتی
contraste (m)	ayār	عیار
anillo (m)	angoštar	انگشتر
anillo (m) de boda	halqe	حلقه
pulsera (f)	alangu	النگو
pendientes (m pl)	gušvāre	گوشواره

collar (m) (~ de perlas)	gardan band	گردن بند
corona (f)	tāj	تاج
collar (m) de abalorios	gardan band	گردن بند

diamante (m)	almās	الماس
esmeralda (f)	zomorrod	زمرد
rubí (m)	yāqut	یاقوت
zafiro (m)	yāqut-e kabud	یاقوت کبود
perla (f)	morvārid	مروارید
ámbar (m)	kahrobā	کهربا

40. Los relojes

reloj (m)	sā'at-e moči	ساعت مچی
esfera (f)	safhe-ye sā'at	صفحهٔ ساعت
aguja (f)	aqrabe	عقربه
pulsera (f)	band-e sāat	بند ساعت
correa (f) (del reloj)	band-e čarmi	بند چرمی

pila (f)	bātri	باطری
descargarse (vr)	tamām šodan bātri	تمام شدن باتری
cambiar la pila	bātri avaz kardan	باطری عوض کردن
adelantarse (vr)	jelo oftādan	جلو افتادن
retrasarse (vr)	aqab māndan	عقب ماندن

reloj (m) de pared	sā'at-e divāri	ساعت دیواری
reloj (m) de arena	sā'at-e šeni	ساعت شنی
reloj (m) de sol	sā'at-e āftābi	ساعت آفتابی
despertador (m)	sā'at-e zang dār	ساعت زنگ دار
relojero (m)	sā'at sāz	ساعت ساز
reparar (vt)	ta'mir kardan	تعمیر کردن

La comida y la nutrición

carne (f)	gušt	گوشت
gallina (f)	morq	مرغ
pollo (m)	juje	جوجه
pato (m)	ordak	اردک
ganso (m)	qāz	غاز
caza (f) menor	gušt-e šekār	گوشت شکار
pava (f)	gušt-e buqalamun	گوشت بوقلمون
carne (f) de cerdo	gušt-e xuk	گوشت خوک
carne (f) de ternera	gušt-e gusāle	گوشت گوساله
carne (f) de carnero	gušt-e gusfand	گوشت گوسفند
carne (f) de vaca	gušt-e gāv	گوشت گاو
conejo (m)	xarguš	خرگوش
salchichón (m)	kālbās	کالباس
salchicha (f)	sosis	سوسیس
beicon (m)	beykon	بیکن
jamón (m)	žāmbon	ژامبون
jamón (m) fresco	rān xuk	ران خوک
paté (m)	pāte	پاته
hígado (m)	jegar	جگر
carne (f) picada	hamberger	همبرگر
lengua (f)	zabān	زبان
huevo (m)	toxm-e morq	تخم مرغ
huevos (m pl)	toxm-e morq-ha	تخم مرغ ها
clara (f)	sefide-ye toxm-e morq	سفیده تخم مرغ
yema (f)	zarde-ye toxm-e morq	زرده تخم مرغ
pescado (m)	māhi	ماهی
mariscos (m pl)	qazā-ye daryāyi	غذای دریایی
crustáceos (m pl)	saxtpustān	سختپوستان
caviar (m)	xāviār	خاویار
cangrejo (m) de mar	xarčang	خرچنگ
camarón (m)	meygu	میگو
ostra (f)	sadaf-e xorāki	صدف خوراکی
langosta (f)	xarčang-e xārdār	خرچنگ خاردار
pulpo (m)	hašt pā	هشت پا
calamar (m)	māhi-ye morakkab	ماهی مرکب
esturión (m)	māhi-ye xāviār	ماهی خاویار
salmón (m)	māhi-ye salemon	ماهی سالمون
fletán (m)	halibut	هالیبوت
bacalao (m)	māhi-ye rowqan	ماهی روغن

caballa (f)	māhi-ye esqumeri	ماهی اسقومری
atún (m)	tan māhi	تن ماهی
anguila (f)	mārmāhi	مارماهی

trucha (f)	māhi-ye qezelālā	ماهی قزل آلا
sardina (f)	sārdin	ساردین
lucio (m)	ordak māhi	اردک ماهی
arenque (m)	māhi-ye šur	ماهی شور

pan (m)	nān	نان
queso (m)	panir	پنیر
azúcar (m)	qand	قند
sal (f)	namak	نمک

arroz (m)	berenj	برنج
macarrones (m pl)	mākāroni	ماکارونی
tallarines (m pl)	rešte-ye farangi	رشته فرنگی

mantequilla (f)	kare	کره
aceite (m) vegetal	rowqan-e nabāti	روغن نباتی
aceite (m) de girasol	rowqan āftābgardān	روغن آفتاب گردان
margarina (f)	mārgārin	مارگارین

| olivas, aceitunas (f pl) | zeytun | زیتون |
| aceite (m) de oliva | rowqan-e zeytun | روغن زیتون |

leche (f)	šir	شیر
leche (f) condensada	šir-e čegāl	شیر چگال
yogur (m)	mās-at	ماست
nata (f) agria	xāme-ye torš	خامهٔ ترش
nata (f) líquida	saršir	سرشیر

| mayonesa (f) | māyonez | مایونز |
| crema (f) de mantequilla | xāme | خامه |

cereales (m pl) integrales	hobubāt	حبوبات
harina (f)	ārd	آرد
conservas (f pl)	konserv-hā	کنسرو ها

copos (m pl) de maíz	bereštuk	برشتوک
miel (f)	asal	عسل
confitura (f)	morabbā	مربا
chicle (m)	ādāms	آدامس

42. Las bebidas

agua (f)	āb	آب
agua (f) potable	āb-e āšāmidani	آب آشامیدنی
agua (f) mineral	āb-e ma'dani	آب معدنی

sin gas	bedun-e gāz	بدون گاز
gaseoso (adj)	gāzdār	گازدار
con gas	gāzdār	گازدار
hielo (m)	yax	یخ

con hielo	yax dār	یخ دار
sin alcohol	bi alkol	بی الكل
bebida (f) sin alcohol	nušābe-ye bi alkol	نوشابه بی الكل
refresco (m)	nušābe-ye xonak	نوشابه خنک
limonada (f)	limunād	ليموناد

bebidas (f pl) alcohólicas	mašrubāt-e alkoli	مشروبات الكلی
vino (m)	šarāb	شراب
vino (m) blanco	šarāb-e sefid	شراب سفید
vino (m) tinto	šarāb-e sorx	شراب سرخ

licor (m)	likor	ليكور
champaña (f)	šāmpāyn	شامپاين
vermú (m)	vermut	ورموت

whisky (m)	viski	ويسكی
vodka (m)	vodkā	ودكا
ginebra (f)	jin	جين
coñac (m)	konyāk	كنياک
ron (m)	araq-e neyšekar	عرق نيشكر

café (m)	qahve	قهوه
café (m) solo	qahve-ye talx	قهوۀ تلخ
café (m) con leche	šir-qahve	شيرقهوه
capuchino (m)	kāpočino	كاپوچينو
café (m) soluble	qahve-ye fowri	قهوه فوری

leche (f)	šir	شير
cóctel (m)	kuktel	كوكتل
batido (m)	kuktele šir	كوكتل شير

zumo (m), jugo (m)	āb-e mive	آب ميوه
jugo (m) de tomate	āb-e gowjefarangi	آب گوجه فرنگی
zumo (m) de naranja	āb-e porteqāl	آب پرتقال
zumo (m) fresco	āb-e mive-ye taze	آب ميوۀ تازه

cerveza (f)	ābejow	آبجو
cerveza (f) rubia	ābejow-ye sabok	آبجوی سبک
cerveza (f) negra	ābejow-ye tire	آبجوی تيره

té (m)	čāy	چای
té (m) negro	čāy-e siyāh	چای سياه
té (m) verde	čāy-e sabz	چای سبز

43. Las verduras

| legumbres (f pl) | sabzijāt | سبزيجات |
| verduras (f pl) | sabzi | سبزی |

tomate (m)	gowje farangi	گوجه فرنگی
pepino (m)	xiyār	خيار
zanahoria (f)	havij	هويج
patata (f)	sib zamini	سيب زمينی
cebolla (f)	piyāz	پياز

ajo (m)	sir	سیر
col (f)	kalam	کلم
coliflor (f)	gol kalam	گل کلم
col (f) de Bruselas	koll-am boruksel	کلم بروکسل
brócoli (m)	kalam borokli	کلم بروکلی
remolacha (f)	čoqondar	چغندر
berenjena (f)	bādenjān	بادنجان
calabacín (m)	kadu sabz	کدو سبز
calabaza (f)	kadu tanbal	کدو تنبل
nabo (m)	šalqam	شلغم
perejil (m)	ja'fari	جعفری
eneldo (m)	šavid	شوید
lechuga (f)	kāhu	کاهو
apio (m)	karafs	کرفس
espárrago (m)	mārčube	مارچوبه
espinaca (f)	esfenāj	اسفناج
guisante (m)	noxod	نخود
habas (f pl)	lubiyā	لوبیا
maíz (m)	zorrat	ذرت
fréjol (m)	lubiyā qermez	لوبیا قرمز
pimiento (m) dulce	felfel	فلفل
rábano (m)	torobče	تربچه
alcachofa (f)	kangar farangi	کنگرفرنگی

44. Las frutas. Las nueces

fruto (m)	mive	میوه
manzana (f)	sib	سیب
pera (f)	golābi	گلابی
limón (m)	limu	لیمو
naranja (f)	porteqāl	پرتقال
fresa (f)	tut-e farangi	توت فرنگی
mandarina (f)	nārengi	نارنگی
ciruela (f)	ālu	آلو
melocotón (m)	holu	هلو
albaricoque (m)	zardālu	زردآلو
frambuesa (f)	tamešk	تمشک
piña (f)	ānānās	آناناس
banana (f)	mowz	موز
sandía (f)	hendevāne	هندوانه
uva (f)	angur	انگور
guinda (f)	ālbālu	آلبالو
cereza (f)	gilās	گیلاس
melón (m)	xarboze	خربزه
pomelo (m)	gerip forut	گریپ فوروت
aguacate (m)	āvokādo	اووکادو
papaya (f)	pāpāyā	پاپایا

mango (m)	anbe	انبه
granada (f)	anār	انار

grosella (f) roja	angur-e farangi-ye sorx	انگور فرنگی سرخ
grosella (f) negra	angur-e farangi-ye siyāh	انگور فرنگی سیاه
grosella (f) espinosa	angur-e farangi	انگور فرنگی
arándano (m)	zoqāl axte	زغال اخته
zarzamoras (f pl)	šāh tut	شاه توت

pasas (f pl)	kešmeš	کشمش
higo (m)	anjir	انجیر
dátil (m)	xormā	خرما

cacahuete (m)	bādām zamin-i	بادام زمینی
almendra (f)	bādām	بادام
nuez (f)	gerdu	گردو
avellana (f)	fandoq	فندق
nuez (f) de coco	nārgil	نارگیل
pistachos (m pl)	peste	پسته

45. El pan. Los dulces

pasteles (m pl)	širini jāt	شیرینی جات
pan (m)	nān	نان
galletas (f pl)	biskuit	بیسکویت

chocolate (m)	šokolāt	شکلات
de chocolate (adj)	šokolāti	شکلاتی
caramelo (m)	āb nabāt	آب نبات
tarta (f) (pequeña)	nān-e širini	نان شیرینی
tarta (f) (~ de cumpleaños)	širini	شیرینی

tarta (f) (~ de manzana)	keyk	کیک
relleno (m)	čāšni	چاشنی

confitura (f)	morabbā	مربا
mermelada (f)	mārmālād	مارمالاد
gofre (m)	vāfel	وافل
helado (m)	bastani	بستنی
pudin (m)	puding	پودینگ

46. Los platos

plato (m)	qazā	غذا
cocina (f)	qazā	غذا
receta (f)	dastur-e poxt	دستور پخت
porción (f)	pors	پرس

ensalada (f)	sālād	سالاد
sopa (f)	sup	سوپ
caldo (m)	pāye-ye sup	پایه سوپ
bocadillo (m)	sāndevič	ساندویچ

huevos (m pl) fritos	nimru	نیمرو
hamburguesa (f)	hamberger	همبرگر
bistec (m)	esteyk	استیک

guarnición (f)	moxallafāt	مخلفات
espagueti (m)	espāgeti	اسپاگتی
puré (m) de patatas	pure-ye sibi zamini	پورۀ سیب زمینی
pizza (f)	pitzā	پیتزا
gachas (f pl)	šurbā	شوربا
tortilla (f) francesa	ommol-at	املت

cocido en agua (adj)	āb paz	آب پز
ahumado (adj)	dudi	دودی
frito (adj)	sorx šode	سرخ شده
seco (adj)	xošk	خشک
congelado (adj)	yax zade	یخ زده
marinado (adj)	torši	ترشی

azucarado, dulce (adj)	širin	شیرین
salado (adj)	šur	شور
frío (adj)	sard	سرد
caliente (adj)	dāq	داغ
amargo (adj)	talx	تلخ
sabroso (adj)	xoš mazze	خوش مزه

cocer en agua	poxtan	پختن
preparar (la cena)	poxtan	پختن
freír (vt)	sorx kardan	سرخ کردن
calentar (vt)	garm kardan	گرم کردن

salar (vt)	namak zadan	نمک زدن
poner pimienta	felfel pāšidan	فلفل پاشیدن
rallar (vt)	rande kardan	رنده کردن
piel (f)	pust	پوست
pelar (vt)	pust kandan	پوست کندن

47. Las especias

sal (f)	namak	نمک
salado (adj)	šur	شور
salar (vt)	namak zadan	نمک زدن

pimienta (f) negra	felfel-e siyāh	فلفل سیاه
pimienta (f) roja	felfel-e sorx	فلفل سرخ
mostaza (f)	xardal	خردل
rábano (m) picante	torob-e kuhi	ترب کوهی

condimento (m)	adviye	ادویه
especia (f)	adviye	ادویه
salsa (f)	ses	سس
vinagre (m)	serke	سرکه

| anís (m) | rāziyāne | رازیانه |
| albahaca (f) | reyhān | ریحان |

clavo (m)	mixak	ميخک
jengibre (m)	zanjefil	زنجفيل
cilantro (m)	gešniz	گشنيز
canela (f)	dārčin	دارچين

sésamo (m)	konjed	کنجد
hoja (f) de laurel	barg-e bu	برگ بو
paprika (f)	paprika	پاپريکا
comino (m)	zire	زيره
azafrán (m)	za'ferān	زعفران

48. Las comidas

| comida (f) | qazā | غذا |
| comer (vi, vt) | xordan | خوردن |

desayuno (m)	sobhāne	صبحانه
desayunar (vi)	sobhāne xordan	صبحانه خوردن
almuerzo (m)	nāhār	ناهار
almorzar (vi)	nāhār xordan	ناهار خوردن
cena (f)	šām	شام
cenar (vi)	šām xordan	شام خوردن

| apetito (m) | eštehā | اشتها |
| ¡Que aproveche! | nuš-e jān | نوش جان |

abrir (vt)	bāz kardan	باز کردن
derramar (líquido)	rixtan	ريختن
derramarse (líquido)	rixtan	ريختن

hervir (vi)	jušidan	جوشيدن
hervir (vt)	jušāndan	جوشاندن
hervido (agua ~a)	jušide	جوشيده
enfriar (vt)	sard kardan	سرد کردن
enfriarse (vr)	sard šodan	سرد شدن

| sabor (m) | maze | مزه |
| regusto (m) | maze | مزه |

adelgazar (vi)	lāqar kardan	لاغر کردن
dieta (f)	režim	رژيم
vitamina (f)	vitāmin	ويتامين
caloría (f)	kālori	کالری

| vegetariano (m) | giyāh xār | گياه خوار |
| vegetariano (adj) | giyāh xāri | گياه خواری |

grasas (f pl)	čarbi-hā	چربی ها
proteínas (f pl)	porotein	پروتئين
carbohidratos (m pl)	karbohidrāt-hā	کربو هيدرات ها

loncha (f)	qet'e	قطعه
pedazo (m)	tekke	تکه
miga (f)	zarre	ذره

49. Los cubiertos

cuchara (f)	qāšoq	قاشق
cuchillo (m)	kārd	کارد
tenedor (m)	čangāl	چنگال
taza (f)	fenjān	فنجان
plato (m)	bošqāb	بشقاب
platillo (m)	na'lbeki	نعلبکی
servilleta (f)	dastmāl	دستمال
mondadientes (m)	xelāl-e dandān	خلال دندان

50. El restaurante

restaurante (m)	resturān	رستوران
cafetería (f)	kāfe	کافه
bar (m)	bār	بار
salón (m) de té	qahve xāne	قهوه خانه
camarero (m)	pišxedmat	پیشخدمت
camarera (f)	pišxedmat	پیشخدمت
barman (m)	motesaddi-ye bār	متصدی بار
carta (f), menú (m)	meno	منو
carta (f) de vinos	kārt-e šarāb	کارت شراب
reservar una mesa	miz rezerv kardan	میز رزرو کردن
plato (m)	qazā	غذا
pedir (vt)	sefāreš dādan	سفارش دادن
hacer un pedido	sefāreš dādan	سفارش دادن
aperitivo (m)	mašrub-e piš qazā	مشروب پیش غذا
entremés (m)	piš qazā	پیش غذا
postre (m)	deser	دسر
cuenta (f)	surat hesāb	صورت حساب
pagar la cuenta	surat-e hesāb rā pardāxtan	صورت حساب را پرداختن
dar la vuelta	baqiye rā dādan	بقیه را دادن
propina (f)	an'ām	انعام

La familia nuclear, los parientes y los amigos

51. La información personal. Los formularios

nombre (m)	esm	اسم
apellido (m)	nām-e xānevādegi	نام خانوادگی
fecha (f) de nacimiento	tārix-e tavallod	تاریخ تولد
lugar (m) de nacimiento	mahall-e tavallod	محل تولد
nacionalidad (f)	melliyat	ملیت
domicilio (m)	mahall-e sokunat	محل سکونت
país (m)	kešvar	کشور
profesión (f)	šoql	شغل
sexo (m)	jens	جنس
estatura (f)	qad	قد
peso (m)	vazn	وزن

52. Los familiares. Los parientes

madre (f)	mādar	مادر
padre (m)	pedar	پدر
hijo (m)	pesar	پسر
hija (f)	doxtar	دختر
hija (f) menor	doxtar-e kučak	دختر کوچک
hijo (m) menor	pesar-e kučak	پسر کوچک
hija (f) mayor	doxtar-e bozorg	دختر بزرگ
hijo (m) mayor	pesar-e bozorg	پسر بزرگ
hermano (m)	barādar	برادر
hermano (m) mayor	barādar-e bozorg	برادر بزرگ
hermano (m) menor	barādar-e kučak	برادر کوچک
hermana (f)	xāhar	خواهر
hermana (f) mayor	xāhar-e bozorg	خواهر بزرگ
hermana (f) menor	xāhar-e kučak	خواهر کوچک
primo (m)	pesar 'amu	پسر عمو
prima (f)	doxtar amu	دختر عمو
mamá (f)	māmān	مامان
papá (m)	bābā	بابا
padres (pl)	vāledeyn	والدین
niño -a (m, f)	kudak	کودک
niños (pl)	bače-hā	بچه ها
abuela (f)	mādarbozorg	مادربزرگ
abuelo (m)	pedar-bozorg	پدربزرگ

nieto (m)	nave	نوه
nieta (f)	nave	نوه
nietos (pl)	nave-hā	نوه ها
tío (m)	amu	عمو
tía (f)	xāle yā amme	خاله یا عمه
sobrino (m)	barādar-zāde	برادرزاده
sobrina (f)	xāhar-zāde	خواهرزاده
suegra (f)	mādarzan	مادرزن
suegro (m)	pedar-šowhar	پدرشوهر
yerno (m)	dāmād	داماد
madrastra (f)	nāmādari	نامادری
padrastro (m)	nāpedari	ناپدری
niño (m) de pecho	nowzād	نوزاد
bebé (m)	širxār	شیرخوار
chico (m)	pesar-e kučulu	پسر کوچولو
mujer (f)	zan	زن
marido (m)	šowhar	شوهر
esposo (m)	hamsar	همسر
esposa (f)	hamsar	همسر
casado (adj)	mote'ahhel	متاهل
casada (adj)	mote'ahhel	متاهل
soltero (adj)	mojarrad	مجرد
soltero (m)	mojarrad	مجرد
divorciado (adj)	talāq gerefte	طلاق گرفته
viuda (f)	bive zan	بیوه زن
viudo (m)	bive	بیوه
pariente (m)	xišāvand	خویشاوند
pariente (m) cercano	aqvām-e nazdik	اقوام نزدیک
pariente (m) lejano	aqvām-e dur	اقوام دور
parientes (pl)	aqvām	اقوام
huérfano (m), huérfana (f)	yatim	یتیم
tutor (m)	qayyem	قیم
adoptar (un niño)	be pesari gereftan	به پسری گرفتن
adoptar (una niña)	be doxtari gereftan	به دختری گرفتن

53. Los amigos. Los compañeros del trabajo

amigo (m)	dust	دوست
amiga (f)	dust	دوست
amistad (f)	dusti	دوستی
ser amigo	dust budan	دوست بودن
amigote (m)	rafiq	رفیق
amiguete (f)	rafiq	رفیق
compañero (m)	šarik	شریک
jefe (m)	ra'is	رئیس
superior (m)	ra'is	رئیس

propietario (m)	sãheb	صاحب
subordinado (m)	zirdast	زیردست
colega (m, f)	hamkãr	همکار

conocido (m)	ãšnã	آشنا
compañero (m) de viaje	hamsafar	همسفر
condiscípulo (m)	ham kelãs	هم کلاس

vecino (m)	hamsãye	همسایه
vecina (f)	hamsãye	همسایه
vecinos (pl)	hamsãye-hã	همسایه ها

54. El hombre. La mujer

mujer (f)	zan	زن
muchacha (f)	doxtar	دختر
novia (f)	arus	عروس

guapa (adj)	zibã	زیبا
alta (adj)	qad boland	قد بلند
esbelta (adj)	xoš andãm	خوش اندام
de estatura mediana	qad kutãh	قد کوتاه

| rubia (f) | mu bur | مو بور |
| morena (f) | mu siyãh | مو سیاه |

de señora (adj)	zanãne	زنانه
virgen (f)	bãkere	باکره
embarazada (adj)	bãrdãr	باردار

hombre (m) (varón)	mard	مرد
rubio (m)	mu bur	مو بور
moreno (m)	mu siyãh	مو سیاه
alto (adj)	qad boland	قد بلند
de estatura mediana	qad kutãh	قد کوتاه

grosero (adj)	xašen	خشن
rechoncho (adj)	tanumand	تنومند
robusto (adj)	tanumand	تنومند
fuerte (adj)	nirumand	نیرومند
fuerza (f)	niru	نیرو

gordo (adj)	čãq	چاق
moreno (adj)	sabze ru	سبزه رو
esbelto (adj)	xoš andãm	خوش اندام
elegante (adj)	barãzande	برازنده

55. La edad

edad (f)	sen	سن
juventud (f)	javãni	جوانی
joven (adj)	javãn	جوان

menor (adj)	kučaktar	کوچکتر
mayor (adj)	bozorgtar	بزرگتر

joven (m)	mard-e javān	مرد جوان
adolescente (m)	nowjavān	نوجوان
muchacho (m)	mard	مرد

anciano (m)	pirmard	پیرمرد
anciana (f)	pirzan	پیرزن

adulto	bāleq	بالغ
de edad media (adj)	miyānsāl	میانسال
anciano, mayor (adj)	sālmand	سالمند
viejo (adj)	mosen	مسن

jubilación (f)	mostamerri	مستمری
jubilarse	bāznešaste šodan	بازنشسته شدن
jubilado (m)	bāznešaste	بازنشسته

56. Los niños

niño -a (m, f)	kudak	کودک
niños (pl)	bače-hā	بچه ها
gemelos (pl)	doqolu	دوقلو

cuna (f)	gahvāre	گهواره
sonajero (m)	jeqjeqe	جغجغه
pañal (m)	pušak	پوشک

chupete (m)	pestānak	پستانک
cochecito (m)	kāleske	کالسکه
jardín (m) de infancia	kudakestān	کودکستان
niñera (f)	parastār bače	پرستار بچه

infancia (f)	kudaki	کودکی
muñeca (f)	arusak	عروسک
juguete (m)	asbāb bāzi	اسباب بازی
mecano (m)	xāne sāzi	خانه سازی

bien criado (adj)	bā tarbiyat	با تربیت
mal criado (adj)	bi tarbiyat	بی تربیت
mimado (adj)	lus	لوس

hacer travesuras	šeytanat kardan	شیطنت کردن
travieso (adj)	bāziguš	بازیگوش
travesura (f)	šeytāni	شیطانی
travieso (m)	šeytān	شیطان

obediente (adj)	moti'	مطیع
desobediente (adj)	sarkeš	سرکش

dócil (adj)	āqel	عاقل
inteligente (adj)	bāhuš	باهوش
niño (m) prodigio	kudak nābeqe	کودک نابغه

57. El matrimonio. La vida familiar

besar (vt)	busidan	بوسیدن
besarse (vr)	hamdigar rā busidan	همدیگررا بوسیدن
familia (f)	xānevāde	خانواده
familiar (adj)	xānevādegi	خانوادگی
pareja (f)	zoj	زوج
matrimonio (m)	ezdevāj	ازدواج
hogar (m) familiar	kāšāne	کاشانه
dinastía (f)	selsele	سلسله
cita (f)	qarār	قرار
beso (m)	buse	بوسه
amor (m)	ešq	عشق
querer (amar)	dust dāštan	دوست داشتن
querido (adj)	mahbub	محبوب
ternura (f)	mehrbāni	مهربانی
tierno (afectuoso)	mehrbān	مهربان
fidelidad (f)	vafā	وفا
fiel (adj)	vafādār	وفادار
cuidado (m)	tavajjoh	توجه
cariñoso (un padre ~)	ba molāheze	با ملاحظه
recién casados (pl)	tāze ezdevāj karde	تازه ازدواج کرده
luna (f) de miel	māh-e asal	ماه عسل
estar casada	ezdevāj kardan	ازدواج کردن
casarse (con una mujer)	ezdevāj kardan	ازدواج کردن
boda (f)	arusi	عروسی
bodas (f pl) de oro	panjāhomin sālgard-e arusi	پنجاهمین سالگرد عروسی
aniversario (m)	sālgard	سالگرد
amante (m)	ma'šuq	معشوق
amante (f)	ma'šuqe	معشوقه
adulterio (m)	xiyānat	خیانت
cometer adulterio	xiyānat kardan	خیانت کردن
celoso (adj)	hasud	حسود
tener celos	hasud budan	حسود بودن
divorcio (m)	talāq	طلاق
divorciarse (vr)	talāq gereftan	طلاق گرفتن
reñir (vi)	da'vā kardan	دعوا کردن
reconciliarse (vr)	āšti kardan	آشتی کردن
juntos (adv)	bāham	باهم
sexo (m)	seks	سکس
felicidad (f)	xošbaxti	خوشبختی
feliz (adj)	xošbaxt	خوشبخت
desgracia (f)	badbaxti	بدبختی
desgraciado (adj)	badbaxt	بدبخت

Las características de personalidad. Los sentimientos

58. Los sentimientos. Las emociones

sentimiento (m)	ehsās	احساس
sentimientos (m pl)	ehsāsat	احساسات
sentir (vt)	ehsās kardan	احساس کردن
hambre (f)	gorosnegi	گرسنگی
tener hambre	gorosne budan	گرسنه بودن
sed (f)	tešnegi	تشنگی
tener sed	tešne budan	تشنه بودن
somnolencia (f)	xāb āludegi	خواب آلودگی
tener sueño	xābālud budan	خواب آلود بودن
cansancio (m)	xastegi	خستگی
cansado (adj)	xaste	خسته
estar cansado	xaste šodan	خسته شدن
humor (m) (de buen ~)	xolq	خلق
aburrimiento (m)	bi hoselegi	بی حوصلگی
aburrirse (vr)	hosele sar raftan	حوصله سررفتن
soledad (f)	guše nešini	گوشه نشینی
aislarse (vr)	guše nešini kardan	گوشه نشینی کردن
inquietar (vt)	negarān kardan	نگران کردن
inquietarse (vr)	negarān šodan	نگران شدن
inquietud (f)	negarāni	نگرانی
preocupación (f)	negarāni	نگرانی
preocupado (adj)	moztareb	مضطرب
estar nervioso	asabi šodan	عصبی شدن
darse al pánico	vahšat kardan	وحشت کردن
esperanza (f)	omid	امید
esperar (tener esperanza)	omid dāštan	امید داشتن
seguridad (f)	etminān	اطمینان
seguro (adj)	motmaen	مطمئن
inseguridad (f)	adam-e etminān	عدم اطمینان
inseguro (adj)	nā motmaen	نا مطمئن
borracho (adj)	mast	مست
sobrio (adj)	hošyār	هوشیار
débil (adj)	za'if	ضعیف
feliz (adj)	xošbaxt	خوشبخت
asustar (vt)	tarsāndan	ترساندن
furia (f)	qeyz	غیظ
rabia (f)	xašm	خشم
depresión (f)	afsordegi	افسردگی
incomodidad (f)	nārāhati	ناراحتی

comodidad (f)	āsāyeš	آسایش
arrepentirse (vr)	afsus xordan	افسوس خوردن
arrepentimiento (m)	afsus	افسوس
mala suerte (f)	bad šāns-i	بد شانسی
tristeza (f)	delxori	دلخوری

vergüenza (f)	šarm	شرم
júbilo (m)	šādi	شادی
entusiasmo (m)	eštiyāq	اشتیاق
entusiasta (m)	moštāq	مشتاق
mostrar entusiasmo	eštiyāq dāštan	اشتیاق داشتن

59. El carácter. La personalidad

carácter (m)	šaxsiyat	شخصیت
defecto (m)	naqs	نقص
mente (f), razón (f)	aql	عقل

consciencia (f)	vejdān	وجدان
hábito (m)	ādat	عادت
habilidad (f)	este'dād	استعداد
poder (~ nadar, etc.)	tavānestan	توانستن

paciente (adj)	bā howsele	با حوصله
impaciente (adj)	bi hosele	بی حوصله
curioso (adj)	konjkāv	کنجکاو
curiosidad (f)	konjkāvi	کنجکاوی

modestia (f)	forutani	فروتنی
modesto (adj)	forutan	فروتن
inmodesto (adj)	gostāx	گستاخ

pereza (f)	tanbali	تنبلی
perezoso (adj)	tanbal	تنبل
perezoso (m)	tanbal	تنبل

astucia (f)	mokāri	مکاری
astuto (adj)	makkār	مکار
desconfianza (f)	bad gomāni	بد گمانی
desconfiado (adj)	bad gomān	بد گمان

generosidad (f)	sexāvat	سخاوت
generoso (adj)	ba sexāvat	با سخاوت
talentoso (adj)	bā este'dād	با استعداد
talento (m)	este'dād	استعداد

valiente (adj)	šojā'	شجاع
coraje (m)	šojā'at	شجاعت
honesto (adj)	sādeq	صادق
honestidad (f)	sedāqat	صداقت

prudente (adj)	bā ehtiyāt	با احتیاط
valeroso (adj)	bi bāk	بی باک
serio (adj)	jeddi	جدی

severo (adj)	saxt gir	سخت گیر
decidido (adj)	mosammam	مصمم
indeciso (adj)	do del	دو دل
tímido (adj)	xejālati	خجالتی
timidez (f)	xejālat	خجالت

confianza (f)	e'temād	اعتماد
creer (créeme)	bāvar kardan	باور کردن
confiado (crédulo)	zud bāvar	زود باور

sinceramente (adv)	sādeqāne	صادقانه
sincero (adj)	sādeq	صادق
sinceridad (f)	sedāqat	صداقت
abierto (adj)	sarih	صریح

calmado (adj)	ārām	آرام
franco (sincero)	rok	رک
ingenuo (adj)	sāde lowh	ساده لوح
distraído (adj)	sar be havā	سر به هوا
gracioso (adj)	xande dār	خنده دار

avaricia (f)	hers	حرص
avaro (adj)	haris	حریص
tacaño (adj)	xasis	خسیس
malvado (adj)	badjens	بدجنس
terco (adj)	lajuj	لجوج
desagradable (adj)	nāxošāyand	ناخوشایند

egoísta (m)	xodxāh	خودخواه
egoísta (adj)	xodxāhi	خودخواهی
cobarde (m)	tarsu	ترسو
cobarde (adj)	tarsu	ترسو

60. El sueño. Los sueños

dormir (vi)	xābidan	خوابیدن
sueño (m) (estado)	xāb	خواب
sueño (m) (dulces ~s)	royā	رویا
soñar (vi)	xāb didan	خواب دیدن
adormilado (adj)	xāb ālud	خواب آلود

cama (f)	taxt-e xāb	تخت خواب
colchón (m)	tošak	تشک
manta (f)	patu	پتو
almohada (f)	bālešt	بالشت
sábana (f)	malāfe	ملافه

insomnio (m)	bi-xābi	بیخوابی
de insomnio (adj)	bi xāb	بی خواب
somnífero (m)	xāb āvar	خواب آور
tomar el somnífero	xābāvar xordan	خواب آور خوردن

| tener sueño | xābālud budan | خواب آلود بودن |
| bostezar (vi) | xamyāze kešidan | خمیازه کشیدن |

irse a la cama	be raxtexāb raftan	به رختخواب رفتن
hacer la cama	raxtexāb-e pahn kardan	رختخواب پهن کردن
dormirse (vr)	xābidan	خوابیدن

pesadilla (f)	kābus	کابوس
ronquido (m)	xoropof	خروپف
roncar (vi)	xoropof kardan	خروپف کردن

despertador (m)	sā'at-e zang dār	ساعت زنگ دار
despertar (vt)	bidār kardan	بیدار کردن
despertarse (vr)	bidār šodan	بیدار شدن
levantarse (vr)	boland šodan	بلند شدن
lavarse (vr)	dast-o ru šostan	دست و روشستن

61. El humor. La risa. La alegría

humor (m)	šuxi	شوخی
sentido (m) del humor	šux ta'bi	شوخ طبعی
divertirse (vr)	šādi kardan	شادی کردن
alegre (adj)	šād	شاد
júbilo (m)	šādi	شادی

sonrisa (f)	labxand	لبخند
sonreír (vi)	labxand zadan	لبخند زدن
echarse a reír	xandidan	خندیدن
reírse (vr)	xandidan	خندیدن
risa (f)	xande	خنده

anécdota (f)	latife	لطیفه
gracioso (adj)	xande dār	خنده دار
ridículo (adj)	xande dār	خنده دار

bromear (vi)	šuxi kardan	شوخی کردن
broma (f)	šuxi	شوخی
alegría (f) (emoción)	šādi	شادی
alegrarse (vr)	xošhāl šodan	خوشحال شدن
alegre (~ de que …)	xošhāl	خوشحال

62. La discusión y la conversación. Unidad 1

| comunicación (f) | ertebāt | ارتباط |
| comunicarse (vr) | ertebāt dāštan | ارتباط داشتن |

conversación (f)	mokāleme	مکالمه
diálogo (m)	goftogu	گفتگو
discusión (f) (debate)	mobāhese	مباحثه
debate (m)	mošājere	مشاجره
debatir (vi)	mošājere kardan	مشاجره کردن

interlocutor (m)	ham soxan	هم سخن
tema (m)	mowzu'	موضوع
punto (m) de vista	noqte nazar	نقطه نظر

opinión (f)	nazar	نظر
discurso (m)	soxanrāni	سخنرانی
discusión (f) (del informe, etc.)	mozākere	مذاكره
discutir (vt)	bahs kardan	بحث كردن
conversación (f)	goftogu	گفتگو
conversar (vi)	goftogu kardan	گفتگو كردن
reunión (f)	didār	ديدار
encontrarse (vr)	molāqāt kardan	ملاقات كردن
proverbio (m)	zarb-ol-masal	ضرب المثل
dicho (m)	zarb-ol-masal	ضرب المثل
adivinanza (f)	mo'ammā	معما
contar una adivinanza	mo'ammā matrah kardan	معما مطرح كردن
contraseña (f)	ramz	رمز
secreto (m)	rāz	راز
juramento (m)	sowgand	سوگند
jurar (vt)	sowgand xordan	سوگند خوردن
promesa (f)	va'de	وعده
prometer (vt)	qowl dādan	قول دادن
consejo (m)	nasihat	نصيحت
aconsejar (vt)	nasihat kardan	نصيحت كردن
seguir el consejo	nasihat-e kasi rā donbāl kardan	نصيحت كسی را دنبال كردن
escuchar (a los padres)	guš kardan	گوش كردن
noticias (f pl)	xabar	خبر
sensación (f)	hayajān	هيجان
información (f)	ettelā'āt	اطلاعات
conclusión (f)	natije	نتيجه
voz (f)	sedā	صدا
cumplido (m)	ta'rif	تعريف
amable (adj)	bā mohabbat	با محبت
palabra (f)	kalame	كلمه
frase (f)	ebārat	عبارت
respuesta (f)	javāb	جواب
verdad (f)	haqiqat	حقيقت
mentira (f)	doruq	دروغ
pensamiento (m)	fekr	فكر
idea (f)	fekr	فكر
fantasía (f)	fāntezi	فانتزی

63. La discusión y la conversación. Unidad 2

respetado (adj)	mohtaram	محترم
respetar (vt)	ehterām gozāštan	احترام گذاشتن
respeto (m)	ehterām	احترام
Estimado ...	gerāmi	گرامی
presentar (~ a sus padres)	mo'arrefi kardan	معرفی كردن

conocer a alguien	āšnā šodan	آشنا شدن
intención (f)	qasd	قصد
tener intención (de …)	qasd dāštan	قصد داشتن
deseo (m)	ārezu	آرزو
desear (vt) (~ buena suerte)	ārezu kardan	آرزو کردن

sorpresa (f)	ta'ajjob	تعجب
sorprender (vt)	mote'ajjeb kardan	متعجب کردن
sorprenderse (vr)	mote'ajjeb šodan	متعجب شدن

dar (vt)	dādan	دادن
tomar (vt)	bardāštan	برداشتن
devolver (vt)	bargardāndan	برگرداندن
retornar (vt)	pas dādan	پس دادن

disculparse (vr)	ozr xāstan	عذر خواستن
disculpa (f)	ozr xāhi	عذر خواهی
perdonar (vt)	baxšidan	بخشیدن

hablar (vi)	harf zadan	حرف زدن
escuchar (vt)	guš dādan	گوش دادن
escuchar hasta el final	xub guš dādan	خوب گوش دادن
comprender (vt)	fahmidan	فهمیدن

mostrar (vt)	nešān dādan	نشان دادن
mirar a …	negāh kardan	نگاه کردن
llamar (vt)	sedā kardan	صدا کردن
distraer (molestar)	mozāhem šodan	مزاحم شدن
molestar (vt)	mozāhem šodan	مزاحم شدن
pasar (~ un mensaje)	dādan	دادن

petición (f)	xāheš	خواهش
pedir (vt)	xāheš kardan	خواهش کردن
exigencia (f)	taqāzā	تقاضا
exigir (vt)	darxāst kardan	درخواست کردن

motejar (vr)	dast endāxtan	دست انداختن
burlarse (vr)	masxare kardan	مسخره کردن
burla (f)	masxare	مسخره
apodo (m)	laqab	لقب

alusión (f)	kenāye	کنایه
aludir (vi)	kenāye zadan	کنایه زدن
sobrentender (vt)	ma'ni dāštan	معنی داشتن

descripción (f)	towsif	توصیف
describir (vt)	towsif kardan	توصیف کردن
elogio (m)	tahsin	تحسین
elogiar (vt)	tahsin kardan	تحسین کردن

decepción (f)	nāomidi	ناامیدی
decepcionar (vt)	nāomid kardan	ناامید کردن
estar decepcionado	nāomid šodan	ناامید شدن

| suposición (f) | farz | فرض |
| suponer (vt) | farz kardan | فرض کردن |

| advertencia (f) | extār | اخطار |
| prevenir (vt) | extār dādan | اخطار دادن |

64. La discusión y la conversación. Unidad 3

| convencer (vt) | rāzi kardan | راضی کردن |
| calmar (vt) | ārām kardan | آرام کردن |

silencio (m) (~ es oro)	sokut	سکوت
callarse (vr)	sāket māndan	ساکت ماندن
susurrar (vi, vt)	najvā kardan	نجوا کردن
susurro (m)	najvā	نجوا

| francamente (adv) | sādeqāne | صادقانه |
| en mi opinión … | be nazar-e man | به نظرمن |

detalle (m) (de la historia)	joz'iyāt	جزئیات
detallado (adj)	mofassal	مفصل
detalladamente (adv)	be tafsil	به تفصیل

| pista (f) | sarnax | سرنخ |
| dar una pista | sarnax dādan | سرنخ دادن |

mirada (f)	nazar	نظر
echar una mirada	nazar andāxtan	نظر انداختن
fija (mirada ~)	bi harekat	بی حرکت
parpadear (vi)	pelk zadan	پلک زدن
guiñar un ojo	češmak zadan	چشمک زدن
asentir con la cabeza	sar-e tekān dādan	سر تکان دادن

suspiro (m)	āh	آه
suspirar (vi)	āh kešidan	آه کشیدن
estremecerse (vr)	larzidan	لرزیدن
gesto (m)	žest	ژست
tocar (con la mano)	lams kardan	لمس کردن
asir (~ de la mano)	gereftan	گرفتن
palmear (~ la espalda)	zadan	زدن

¡Cuidado!	movāzeb bāš!	مواظب باش!
¿De veras?	vāqe'an?	واقعاً؟
¿Estás seguro?	motmaenn-i?	مطمئنی؟
¡Suerte!	movaffaq bāšid!	موفق باشید!
¡Ya veo!	albate!	البته!
¡Es una lástima!	heyf!	حیف!

65. El acuerdo. El rechazo

acuerdo (m)	movāfeqat	موافقت
estar de acuerdo	movāfeqat kardan	موافقت کردن
aprobación (f)	ta'id	تایید
aprobar (vt)	ta'id kardan	تایید کردن
rechazo (m)	emtenā'	امتناع

negarse (vr)	rad kardan	رد کردن
¡Excelente!	āli	عالی
¡De acuerdo!	xub	خوب
¡Vale!	besyār xob!	بسیارخوب!

prohibido (adj)	mamnuʻ	ممنوع
está prohibido	mamnuʻ ast	ممنوع است
es imposible	qeyr-e momken ast	غیر ممکن است
incorrecto (adj)	nādorost	نادرست

rechazar (vt)	rad kardan	رد کردن
apoyar (la decisión)	poštibāni kardan	پشتیبانی کردن
aceptar (vt)	qabul kardan	قبول کردن

confirmar (vt)	taʻyid kardan	تآیید کردن
confirmación (f)	taʻyid	تآیید
permiso (m)	ejāze	اجازه
permitir (vt)	ejāze dādan	اجازه دادن
decisión (f)	tasmim	تصمیم
no decir nada	sokut kardan	سکوت کردن

condición (f)	šart	شرط
excusa (f) (pretexto)	bahāne	بهانه
elogio (m)	tahsin	تحسین
elogiar (vt)	tahsin kardan	تحسین کردن

66. El éxito. La buena suerte. El fracaso

éxito (m)	movaffaqiyat	موفقیت
con éxito (adv)	bā movaffaqiyat	با موفقیت
exitoso (adj)	movaffaqiyat āmiz	موفقیت آمیز

suerte (f)	šāns	شانس
¡Suerte!	movaffaq bāšid!	موفق باشید!
de suerte (día ~)	šāns	شانس
afortunado (adj)	xoš šāns	خوش شانس

fiasco (m)	nākāmi	ناکامی
infortunio (m)	bad šāns-i	بد شانسی
mala suerte (f)	bad šāns-i	بد شانسی

| fracasado (adj) | nā movaffaq | نا موفق |
| catástrofe (f) | fājeʻe | فاجعه |

orgullo (m)	eftexār	افتخار
orgulloso (adj)	maqrur	مغرور
estar orgulloso	eftexār kardan	افتخارکردن

ganador (m)	barande	برنده
ganar (vi)	piruz šodan	پیروز شدن
perder (vi)	bāxtan	باختن
tentativa (f)	talāš	تلاش
intentar (tratar)	talāš kardan	تلاش کردن
chance (f)	šāns	شانس

67. Las discusiones. Las emociones negativas

grito (m)	faryād	فرياد
gritar (vi)	faryād zadan	فرياد زدن
comenzar a gritar	faryād zadan	فرياد زدن

disputa (f), riña (f)	da'vā	دعوا
reñir (vi)	da'vā kardan	دعوا كردن
escándalo (m) (riña)	mošājere	مشاجره
causar escándalo	janjāl kardan	جنجال كردن
conflicto (m)	dargiri	درگيرى
malentendido (m)	su'-e tafāhom	سوء تفاهم

insulto (m)	towhin	توهين
insultar (vt)	towhin kardan	توهين كردن
insultado (adj)	towhin šode	توهين شده
ofensa (f)	ranješ	رنجش
ofender (vt)	ranjāndan	رنجاندن
ofenderse (vr)	ranjidan	رنجيدن

indignación (f)	xašm	خشم
indignarse (vr)	xašmgin šodan	خشمگين شدن
queja (f)	šekāyat	شكايت
quejarse (vr)	šekāyat kardan	شكايت كردن

disculpa (f)	ozr xāhi	عذر خواهى
disculparse (vr)	ozr xāstan	عذر خواستن
pedir perdón	ozr xāstan	عذر خواستن

crítica (f)	enteqād	انتقاد
criticar (vt)	enteqād kardan	انتقاد كردن
acusación (f)	ettehām	اتهام
acusar (vt)	mottaham kardan	متهم كردن

venganza (f)	enteqām	انتقام
vengar (vt)	enteqām gereftan	انتقام گرفتن
pagar (vt)	talāfi darāvardan	تلافى درآوردن

desprecio (m)	tahqir	تحقير
despreciar (vt)	tahqir kardan	تحقير كردن
odio (m)	nefrat	نفرت
odiar (vt)	motenaffer budan	متنفر بودن

nervioso (adj)	asabi	عصبى
estar nervioso	asabi šodan	عصبى شدن
enfadado (adj)	xašmgin	خشمگين
enfadar (vt)	xašmgin kardan	خشمگين كردن

humillación (f)	tahqir	تحقير
humillar (vt)	tahqir kardan	تحقير كردن
humillarse (vr)	tahqir šodan	تحقير شدن

choque (m)	šok	شوک
chocar (vi)	šokke kardan	شوکه كردن
molestia (f) (problema)	moškel	مشكل

desagradable (adj)	nāxošāyand	ناخوشایند
miedo (m)	tars	ترس
terrible (tormenta, etc.)	eftezāh	افتضاح
de miedo (historia ~)	vahšatnāk	وحشتناک
horror (m)	vahšat	وحشت
horrible (adj)	vahšat āvar	وحشت آور
empezar a temblar	larzidan	لرزیدن
llorar (vi)	gerye kardan	گریه کردن
comenzar a llorar	gerye sar dādan	گریه سر دادن
lágrima (f)	ašk	اشک
culpa (f)	taqsir	تقصیر
remordimiento (m)	gonāh	گناه
deshonra (f)	ār	عار
protesta (f)	e'terāz	اعتراض
estrés (m)	fešār	فشار
molestar (vt)	mozāhem šodan	مزاحم شدن
estar furioso	xašmgin budan	خشمگین بودن
enfadado (adj)	xašmgin	خشمگین
terminar (vt)	qat' kardan	قطع کردن
regañar (vt)	fohš dādan	فحش دادن
asustarse (vr)	tarsidan	ترسیدن
golpear (vt)	zadan	زدن
pelear (vi)	zad-o-xord kardan	زد و خورد کردن
resolver (~ la discusión)	hal-o-fasl kardan	حل و فصل کردن
descontento (adj)	nārāzi	ناراضی
furioso (adj)	qazabnāk	غضبناک
¡No está bien!	xub nist!	خوب نیست!
¡Está mal!	bad ast!	بد است!

La medicina

enfermedad (f)	bimāri	بیماری
estar enfermo	bimār budan	بیمار بودن
salud (f)	salāmati	سلامتی
resfriado (m) (coriza)	āb-e rizeš-e bini	آب ریزش بینی
angina (f)	varam-e lowze	ورم لوزه
resfriado (m)	sarmā xordegi	سرما خوردگی
resfriarse (vr)	sarmā xordan	سرما خوردن
bronquitis (f)	boronšit	برنشیت
pulmonía (f)	zātorre	ذات الریه
gripe (f)	ānfolānzā	آنفولانزا
miope (adj)	nazdik bin	نزدیک بین
présbita (adj)	durbin	دوربین
estrabismo (m)	enherāf-e čašm	انحراف چشم
estrábico (m) (adj)	luč	لوچ
catarata (f)	āb morvārid	آب مروارید
glaucoma (m)	ab-e siyāh	آب سیاه
insulto (m)	sekte-ye maqzi	سکته مغزی
ataque (m) cardiaco	sekte-ye qalbi	سکته قلبی
infarto (m) de miocardio	ānfārktus	آنفارکتوس
parálisis (f)	falaji	فلجی
paralizar (vt)	falj kardan	فلج کردن
alergia (f)	ālerži	آلرژی
asma (f)	āsm	آسم
diabetes (f)	diyābet	دیابت
dolor (m) de muelas	dandān-e dard	دندان درد
caries (f)	pusidegi	پوسیدگی
diarrea (f)	eshāl	اسهال
estreñimiento (m)	yobusat	یبوست
molestia (f) estomacal	nārāhati-ye me'de	ناراحتی معده
envenenamiento (m)	masmumiyat	مسمومیت
envenenarse (vr)	masmum šodan	مسموم شدن
artritis (f)	varam-e mafāsel	ورم مفاصل
raquitismo (m)	rāšitism	راشیتیسم
reumatismo (m)	romātism	روماتیسم
ateroesclerosis (f)	tasallob-e šarāin	تصلب شرائین
gastritis (f)	varam-e me'de	ورم معده
apendicitis (f)	āpāndisit	آپاندیسیت

| colecistitis (f) | eltehāb-e kise-ye safrā | التهاب کیسه صفرا |
| úlcera (f) | zaxm | زخم |

sarampión (m)	sorxak	سرخک
rubeola (f)	sorxje	سرخجه
ictericia (f)	yaraqān	يرقان
hepatitis (f)	hepātit	هپاتيت

esquizofrenia (f)	šizoferni	شیزوفرنی
rabia (f) (hidrofobia)	hāri	هاری
neurosis (f)	extelāl-e a'sāb	اختلال اعصاب
conmoción (f) cerebral	zarbe-ye maqzi	ضربه مغزی

cáncer (m)	saratān	سرطان
esclerosis (f)	eskeleroz	اسکلروز
esclerosis (m) múltiple	eskeleroz čandgāne	اسکلروز چندگانه

alcoholismo (m)	alkolism	الکلیسم
alcohólico (m)	alkoli	الکلی
sífilis (f)	siflis	سيفليس
SIDA (m)	eydz	ايدز

tumor (m)	tumor	تومور
maligno (adj)	bad xim	بد خیم
benigno (adj)	xoš xim	خوش خیم

fiebre (f)	tab	تب
malaria (f)	mālāriyā	مالاریا
gangrena (f)	qānqāriyā	قانقاریا
mareo (m)	daryā-zadegi	دریازدگی
epilepsia (f)	sar'	صرع

epidemia (f)	epidemi	اپیدمی
tifus (m)	hasbe	حصبه
tuberculosis (f)	sel	سل
cólera (f)	vabā	وبا
peste (f)	tā'un	طاعون

69. Los síntomas. Los tratamientos. Unidad 1

síntoma (m)	alāem-e bimāri	علائم بیماری
temperatura (f)	damā	دما
fiebre (f)	tab	تب
pulso (m)	nabz	نبض

mareo (m) (vértigo)	sargije	سرگیجه
caliente (adj)	dāq	داغ
escalofrío (m)	ra'še	رعشه
pálido (adj)	rang paride	رنگ پریده

tos (f)	sorfe	سرفه
toser (vi)	sorfe kardan	سرفه کردن
estornudar (vi)	atse kardan	عطسه کردن
desmayo (m)	qaš	غش

desmayarse (vr)	qaš kardan	غش كردن
moradura (f)	kabudi	كبودى
chichón (m)	barāmadegi	برآمدگى
golpearse (vr)	barxord kardan	برخورد كردن
magulladura (f)	kuftegi	كوفتگى
magullarse (vr)	zarb didan	ضرب ديدن

cojear (vi)	langidan	لنگيدن
dislocación (f)	dar raftegi	دررفتگى
dislocar (vt)	dar raftan	دررفتن
fractura (f)	šekastegi	شكستگى
tener una fractura	dočār-e šekastegi šodan	دچار شكستگى شدن

corte (m) (tajo)	boridegi	بريدگى
cortarse (vr)	boridan	بريدن
hemorragia (f)	xunrizi	خونريزى

| quemadura (f) | suxtegi | سوختگى |
| quemarse (vr) | dočār-e suxtegi šodan | دچار سوختگى شدن |

pincharse (~ el dedo)	surāx kardan	سوراخ كردن
pincharse (vr)	surāx kardan	سوراخ كردن
herir (vt)	āsib resāndan	آسيب رساندن
herida (f)	zaxm	زخم
lesión (f) (herida)	zaxm	زخم
trauma (m)	zarbe	ضربه

delirar (vi)	hazyān goftan	هذيان گفتن
tartamudear (vi)	loknat dāštan	لكنت داشتن
insolación (f)	āftāb-zadegi	آفتابزدگى

70. Los síntomas. Los tratamientos. Unidad 2

| dolor (m) | dard | درد |
| astilla (f) | xār | خار |

sudor (m)	araq	عرق
sudar (vi)	araq kardan	عرق كردن
vómito (m)	estefrāq	استفراغ
convulsiones (f pl)	tašannoj	تشنج

embarazada (adj)	bārdār	باردار
nacer (vi)	motevalled šodan	متولد شدن
parto (m)	vaz'-e haml	وضع حمل
dar a luz	be donyā āvardan	به دنيا آوردن
aborto (m)	seqt-e janin	سقط جنين

respiración (f)	tanaffos	تنفس
inspiración (f)	estenšāq	استنشاق
espiración (f)	bāzdam	بازدم
espirar (vi)	bāzdamidan	بازدميدن
inspirar (vi)	nafas kešidan	نفس كشيدن
inválido (m)	ma'lul	معلول
mutilado (m)	falaj	فلج

drogadicto (m)	mo'tād	معتاد
sordo (adj)	kar	کر
mudo (adj)	lāl	لال
sordomudo (adj)	kar-o lāl	کر و لال

loco (adj)	divāne	دیوانه
loco (m)	divāne	دیوانه
loca (f)	divāne	دیوانه
volverse loco	divāne šodan	دیوانه شدن

gen (m)	žen	ژن
inmunidad (f)	masuniyat	مصونیت
hereditario (adj)	mowrusi	موروثی
de nacimiento (adj)	mādarzād	مادرزاد

virus (m)	virus	ویروس
microbio (m)	mikrob	میکروب
bacteria (f)	bākteri	باکتری
infección (f)	ofunat	عفونت

71. Los síntomas. Los tratamientos. Unidad 3

| hospital (m) | bimārestān | بیمارستان |
| paciente (m) | bimār | بیمار |

diagnosis (f)	tašxis	تشخیص
cura (f)	mo'āleje	معالجه
tratamiento (m)	darmān	درمان
curarse (vr)	darmān šodan	درمان شدن
tratar (vt)	mo'āleje kardan	معالجه کردن
cuidar (a un enfermo)	parastāri kardan	پرستاری کردن
cuidados (m pl)	parastāri	پرستاری

operación (f)	amal-e jarrāhi	عمل جراحی
vendar (vt)	pānsemān kardan	پانسمان کردن
vendaje (m)	pānsemān	پانسمان

vacunación (f)	vāksināsyon	واکسیناسیون
vacunar (vt)	vāksine kardan	واکسینه کردن
inyección (f)	tazriq	تزریق
aplicar una inyección	tazriq kardan	تزریق کردن

ataque (m)	hamle	حمله
amputación (f)	qat'-e ozv	قطع عضو
amputar (vt)	qat' kardan	قطع کردن
coma (m)	komā	کما
estar en coma	dar komā budan	در کما بودن
revitalización (f)	morāqebat-e viže	مراقبت ویژه

recuperarse (vr)	behbud yāftan	بهبود یافتن
estado (m) (de salud)	hālat	حالت
consciencia (f)	huš	هوش
memoria (f)	hāfeze	حافظه
extraer (un diente)	dandān kešidan	دندان کشیدن

| empaste (m) | por kardan | پر کردن |
| empastar (vt) | por kardan | پر کردن |

| hipnosis (f) | hipnotizm | هیپنوتیزم |
| hipnotizar (vt) | hipnotizm kardan | هیپنوتیزم کردن |

72. Los médicos

médico (m)	pezešk	پزشک
enfermera (f)	parastār	پرستار
médico (m) personal	pezešk-e šaxsi	پزشک شخصی

dentista (m)	dandān pezešk	دندان پزشک
oftalmólogo (m)	češm-pezešk	چشم پزشک
internista (m)	pezešk omumi	پزشک عمومی
cirujano (m)	jarrāh	جراح

psiquiatra (m)	ravānpezešk	روانپزشک
pediatra (m)	pezešk-e kudakān	پزشک کودکان
psicólogo (m)	ravānšenās	روانشناس
ginecólogo (m)	motexasses-e zanān	متخصص زنان
cardiólogo (m)	motexasses-e qalb	متخصص قلب

73. La medicina. Las drogas. Los accesorios

medicamento (m), droga (f)	dāru	دارو
remedio (m)	darmān	درمان
prescribir (vt)	tajviz kardan	تجویز کردن
receta (f)	nosxe	نسخه

tableta (f)	qors	قرص
ungüento (m)	pomād	پماد
ampolla (f)	āmpul	آمپول
mixtura (f), mezcla (f)	šarbat	شربت
sirope (m)	šarbat	شربت
píldora (f)	kapsul	کپسول
polvo (m)	pudr	پودر

venda (f)	bānd	باند
algodón (m) (discos de ~)	panbe	پنبه
yodo (m)	yod	ید

tirita (f), curita (f)	časb-e zaxm	چسب زخم
pipeta (f)	qatre čekān	قطره چکان
termómetro (m)	damāsanj	دماسنج
jeringa (f)	sorang	سرنگ

| silla (f) de ruedas | vilčer | ویلچر |
| muletas (f pl) | čub zir baqal | چوب زیر بغل |

| anestésico (m) | mosaken | مسکن |
| purgante (m) | moshel | مسهل |

alcohol (m)	alkol	الكل
hierba (f) medicinal	giyāhān-e dāruyi	گیاهان دارویی
de hierbas (té ~)	giyāhi	گیاهی

74. El tabaquismo. Los productos del tabaco

tabaco (m)	tutun	توتون
cigarrillo (m)	sigār	سیگار
cigarro (m)	sigār	سیگار
pipa (f)	pip	پیپ
paquete (m)	baste	بسته

cerillas (f pl)	kebrit	کبریت
caja (f) de cerillas	quti-ye kebrit	قوطی کبریت
encendedor (m)	fandak	فندک
cenicero (m)	zir-sigāri	زیرسیگاری
pitillera (f)	quti-ye sigār	قوطی سیگار

| boquilla (f) | čub-e sigār | چوب سیگار |
| filtro (m) | filter | فیلتر |

fumar (vi, vt)	sigār kešidan	سیگار کشیدن
encender un cigarrillo	sigār rowšan kardan	سیگار روشن کردن
tabaquismo (m)	sigār kešidan	سیگار کشیدن
fumador (m)	sigāri	سیگاری

colilla (f)	tah-e sigār	ته سیگار
humo (m)	dud	دود
ceniza (f)	xākestar	خاکستر

EL AMBIENTE HUMANO

La ciudad

75. La ciudad. La vida en la ciudad

ciudad (f)	šahr	شهر
capital (f)	pāytaxt	پايتخت
aldea (f)	rustā	روستا
plano (m) de la ciudad	naqše-ye šahr	نقشۀ شهر
centro (m) de la ciudad	markaz-e šahr	مركز شهر
suburbio (m)	hume-ye šahr	حومۀ شهر
suburbano (adj)	hume-ye šahr	حومۀ شهر
arrabal (m)	hume	حومه
afueras (f pl)	hume	حومه
barrio (m)	mahalle	محله
zona (f) de viviendas	mahalle-ye maskuni	محلۀ مسكونی
tráfico (m)	obur-o morur	عبور و مرور
semáforo (m)	čerāq-e rāhnamā	چراغ راهنما
transporte (m) urbano	haml-o naql-e šahri	حمل و نقل شهری
cruce (m)	čahārrāh	چهارراه
paso (m) de peatones	xatt-e āber-e piyāde	خط عابرپياده
paso (m) subterráneo	zir-e gozar	زير گذر
cruzar (vt)	obur kardan	عبور كردن
peatón (m)	piyāde	پياده
acera (f)	piyāde row	پياده رو
puente (m)	pol	پل
muelle (m)	xiyābān-e sāheli	خيابان ساحلی
fuente (f)	češme	چشمه
alameda (f)	bāq rāh	باغ راه
parque (m)	pārk	پارک
bulevar (m)	bolvār	بولوار
plaza (f)	meydān	ميدان
avenida (f)	xiyābān	خيابان
calle (f)	xiyābān	خيابان
callejón (m)	kuče	كوچه
callejón (m) sin salida	bon bast	بن بست
casa (f)	xāne	خانه
edificio (m)	sāxtemān	ساختمان
rascacielos (m)	āsemānxarāš	آسمانخراش
fachada (f)	namā	نما
techo (m)	bām	بام

ventana (f)	panjere	پنجره
arco (m)	tāq-e qowsi	طاق قوسی
columna (f)	sotun	ستون
esquina (f)	nabš	نبش
escaparate (f)	vitrin	ویترین
letrero (m) (~ luminoso)	tāblo	تابلو
cartel (m)	poster	پوستر
cartel (m) publicitario	poster-e tabliqāti	پوستر تبلیغاتی
valla (f) publicitaria	bilbord	بیلبورد
basura (f)	āšqāl	آشغال
cajón (m) de basura	satl-e āšqāl	سطل آشغال
tirar basura	kasif kardan	کثیف کردن
basurero (m)	jā-ye dafn-e āšqāl	جای دفن آشغال
cabina (f) telefónica	kābin-e telefon	کابین تلفن
farola (f)	tir-e barq	تیر برق
banco (m) (del parque)	nimkat	نیمکت
policía (m)	polis	پلیس
policía (f) (~ nacional)	polis	پلیس
mendigo (m)	gedā	گدا
persona (f) sin hogar	bi xānomān	بی خانمان

76. Las instituciones urbanas

tienda (f)	maqāze	مغازه
farmacia (f)	dāruxāne	داروخانه
óptica (f)	eynak foruši	عینک فروشی
centro (m) comercial	markaz-e tejāri	مرکز تجاری
supermercado (m)	supermārket	سوپرمارکت
panadería (f)	nānvāyi	نانوایی
panadero (m)	nānvā	نانوا
pastelería (f)	qannādi	قنادی
tienda (f) de comestibles	baqqāli	بقالی
carnicería (f)	gušt foruši	گوشت فروشی
verdulería (f)	sabzi foruši	سبزی فروشی
mercado (m)	bāzār	بازار
cafetería (f)	kāfe	کافه
restaurante (m)	resturān	رستوران
cervecería (f)	bār	بار
pizzería (f)	pitzā-foruši	پیتزا فروشی
peluquería (f)	ārāyešgāh	آرایشگاه
oficina (f) de correos	post	پست
tintorería (f)	xošk-šuyi	خشک‌شویی
estudio (m) fotográfico	ātolye-ye akkāsi	آتلیۀ عکاسی
zapatería (f)	kafš foruši	کفش فروشی
librería (f)	ketāb-foruši	کتاب فروشی

tienda (f) deportiva	maqāze-ye varzeši	مغازهٔ ورزشی
arreglos (m pl) de ropa	ta'mir-e lebās	تعمیر لباس
alquiler (m) de ropa	kerāye-ye lebās	کرایة لباس
videoclub (m)	kerāye-ye film	کرایة فیلم
circo (m)	sirak	سیرک
zoológico (m)	bāq-e vahš	باغ وحش
cine (m)	sinamā	سینما
museo (m)	muze	موزه
biblioteca (f)	ketābxāne	کتابخانه
teatro (m)	teātr	تئاتر
ópera (f)	operā	اپرا
club (m) nocturno	kābāre	کاباره
casino (m)	kāzino	کازینو
mezquita (f)	masjed	مسجد
sinagoga (f)	kenešt	کنشت
catedral (f)	kelisā-ye jāme'	کلیسای جامع
templo (m)	ma'bad	معبد
iglesia (f)	kelisā	کلیسا
instituto (m)	anistito	انستیتو
universidad (f)	dānešgāh	دانشگاه
escuela (f)	madrese	مدرسه
prefectura (f)	ostāndāri	استانداری
alcaldía (f)	šahrdāri	شهرداری
hotel (m)	hotel	هتل
banco (m)	bānk	بانک
embajada (f)	sefārat	سفارت
agencia (f) de viajes	āžāns-e jahāngardi	آژانس جهانگردی
oficina (f) de información	daftar-e ettelāāt	دفتر اطلاعات
oficina (f) de cambio	sarrāfi	صرافی
metro (m)	metro	مترو
hospital (m)	bimārestān	بیمارستان
gasolinera (f)	pomp-e benzin	پمپ بنزین
aparcamiento (m)	pārking	پارکینگ

77. El transporte urbano

autobús (m)	otobus	اتوبوس
tranvía (m)	terāmvā	تراموا
trolebús (m)	otobus-e barqi	اتوبوس برقی
itinerario (m)	xat	خط
número (m)	šomāre	شماره
ir en …	raftan bā	رفتن با
tomar (~ el autobús)	savār šodan	سوار شدن
bajar (~ del tren)	piyāde šodan	پیاده شدن
parada (f)	istgāh-e otobus	ایستگاه اتوبوس

próxima parada (f)	istgāh-e ba'di	ایستگاه بعدی
parada (f) final	istgāh-e āxar	ایستگاه آخر
horario (m)	barnāme	برنامه
esperar (aguardar)	montazer budan	منتظر بودن

billete (m)	belit	بلیط
precio (m) del billete	qeymat-e belit	قیمت بلیت

cajero (m)	sanduqdār	صندوقدار
control (m) de billetes	kontorol-e belit	کنترل بلیط
revisor (m)	kontorol či	کنترل چی

llegar tarde (vi)	ta'xir dāštan	تأخیرداشتن
perder (~ el tren)	az dast dādan	از دست دادن
tener prisa	ajale kardan	عجله کردن

taxi (m)	tāksi	تاکسی
taxista (m)	rānande-ye tāksi	راننده تاکسی
en taxi	bā tāksi	با تاکسی
parada (f) de taxi	istgāh-e tāksi	ایستگاه تاکسی
llamar un taxi	tāksi gereftan	تاکسی گرفتن
tomar un taxi	tāksi gereftan	تاکسی گرفتن

tráfico (m)	obur-o morur	عبور و مرور
atasco (m)	terāfik	ترافیک
horas (f pl) de punta	sā'at-e šoluqi	ساعت شلوغی
aparcar (vi)	pārk kardan	پارک کردن
aparcar (vt)	pārk kardan	پارک کردن
aparcamiento (m)	pārking	پارکینگ

metro (m)	metro	مترو
estación (f)	istgāh	ایستگاه
ir en el metro	bā metro raftan	با مترو رفتن
tren (m)	qatār	قطار
estación (f)	istgāh-e rāh-e āhan	ایستگاه راه آهن

78. El turismo. La excursión

monumento (m)	mojassame	مجسمه
fortaleza (f)	qal'e	قلعه
palacio (m)	kāx	کاخ
castillo (m)	qal'e	قلعه
torre (f)	borj	برج
mausoleo (m)	ārāmgāh	آرامگاه

arquitectura (f)	me'māri	معماری
medieval (adj)	qorun-e vasati	قرون وسطی
antiguo (adj)	qadimi	قدیمی
nacional (adj)	melli	ملی
conocido (adj)	mašhur	مشهور

turista (m)	turist	توریست
guía (m) (persona)	rāhnamā-ye tur	راهنمای تور
excursión (f)	gardeš	گردش

mostrar (vt)	nešān dādan	نشان دادن
contar (una historia)	hekāyat kardan	حکایت کردن
encontrar (hallar)	peydā kardan	پیدا کردن
perderse (vr)	gom šodan	گم شدن
plano (m) (~ de metro)	naqše	نقشه
mapa (m) (~ de la ciudad)	naqše	نقشه
recuerdo (m)	sowqāti	سوغاتی
tienda (f) de regalos	forušgāh-e sowqāti	فروشگاه سوغاتی
hacer fotos	aks gereftan	عکس گرفتن
fotografiarse (vr)	aks gereftan	عکس گرفتن

79. Las compras

comprar (vt)	xarid kardan	خرید کردن
compra (f)	xarid	خرید
hacer compras	xarid kardan	خرید کردن
compras (f pl)	xarid	خرید
estar abierto (tienda)	bāz budan	باز بودن
estar cerrado	baste budan	بسته بودن
calzado (m)	kafš	کفش
ropa (f)	lebās	لباس
cosméticos (m pl)	lavāzem-e ārāyeši	لوازم آرایشی
productos alimenticios	mavādd-e qazāyi	مواد غذایی
regalo (m)	hedye	هدیه
vendedor (m)	forušande	فروشنده
vendedora (f)	forušande-ye zan	فروشنده زن
caja (f)	sanduq	صندوق
espejo (m)	āyene	آینه
mostrador (m)	pišxān	پیشخوان
probador (m)	otāq porov	اتاق پرو
probar (un vestido)	emtehān kardan	امتحان کردن
quedar (una ropa, etc.)	monāseb budan	مناسب بودن
gustar (vi)	dust dāštan	دوست داشتن
precio (m)	qeymat	قیمت
etiqueta (f) de precio	barčasb-e qeymat	برچسب قیمت
costar (vt)	qeymat dāštan	قیمت داشتن
¿Cuánto?	čeqadr?	چقدر؟
descuento (m)	taxfif	تخفیف
no costoso (adj)	arzān	ارزان
barato (adj)	arzān	ارزان
caro (adj)	gerān	گران
Es caro	gerān ast	گران است
alquiler (m)	kerāye	کرایه
alquilar (vt)	kerāye kardan	کرایه کردن

| crédito (m) | vām | وام |
| a crédito (adv) | xarid-e e'tebāri | خرید اعتباری |

80. El dinero

dinero (m)	pul	پول
cambio (m)	tabdil-e arz	تبدیل ارز
curso (m)	nerx-e arz	نرخ ارز
cajero (m) automático	xodpardāz	خودپرداز
moneda (f)	sekke	سکه

| dólar (m) | dolār | دلار |
| euro (m) | yuro | یورو |

lira (f)	lire	لیره
marco (m) alemán	mārk	مارک
franco (m)	farānak	فرانک
libra esterlina (f)	pond-e esterling	پوند استرلینگ
yen (m)	yen	ین

deuda (f)	qarz	قرض
deudor (m)	bedehkār	بدهکار
prestar (vt)	qarz dādan	قرض دادن
tomar prestado	qarz gereftan	قرض گرفتن

banco (m)	bānk	بانک
cuenta (f)	hesāb-e bānki	حساب بانکی
ingresar (~ en la cuenta)	rixtan	ریختن
ingresar en la cuenta	be hesāb rixtan	به حساب ریختن
sacar de la cuenta	az hesāb bardāštan	از حساب برداشتن

tarjeta (f) de crédito	kārt-e e'tebāri	کارت اعتباری
dinero (m) en efectivo	pul-e naqd	پول نقد
cheque (m)	ček	چک
sacar un cheque	ček nevēštan	چک نوشتن
talonario (m)	daste-ye ček	دسته چک

cartera (f)	kif-e pul	کیف پول
monedero (m)	kif-e pul	کیف پول
caja (f) fuerte	gāvsanduq	گاوصندوق

heredero (m)	vāres	وارث
herencia (f)	mirās	میراث
fortuna (f)	dārāyi	دارایی

arriendo (m)	ejāre	اجاره
alquiler (m) (dinero)	kerāye-ye xāne	کرایهٔ خانه
alquilar (~ una casa)	ejāre kardan	اجاره کردن

precio (m)	qeymat	قیمت
coste (m)	arzeš	ارزش
suma (f)	jam'-e kol	جمع کل
gastar (vt)	xarj kardan	خرج کردن
gastos (m pl)	maxārej	مخارج

| economizar (vi, vt) | sarfeju-yi kardan | صرفه جویی کردن |
| economíco (adj) | maqrun besarfe | مقرون به صرفه |

pagar (vi, vt)	pardāxtan	پرداختن
pago (m)	pardāxt	پرداخت
cambio (m) (devolver el ~)	pul-e xerad	پول خرد

impuesto (m)	māliyāt	مالیات
multa (f)	jarime	جریمه
multar (vt)	jarime kardan	جریمه کردن

81. La oficina de correos

oficina (f) de correos	post	پست
correo (m) (cartas, etc.)	post	پست
cartero (m)	nāme resān	نامه رسان
horario (m) de apertura	sā'athā-ye kāri	ساعت های کاری

carta (f)	nāme	نامه
carta (f) certificada	nāme-ye sefāreši	نامه سفارشی
tarjeta (f) postal	kārt-e postāl	کارت پستال
telegrama (m)	telegrām	تلگرام
paquete (m) postal	baste posti	بسته پستی
giro (m) postal	havāle	حواله

recibir (vt)	gereftan	گرفتن
enviar (vt)	ferestādan	فرستادن
envío (m)	ersāl	ارسال

dirección (f)	nešāni	نشانی
código (m) postal	kod-e posti	کد پستی
expedidor (m)	ferestande	فرستنده
destinatario (m)	girande	گیرنده

| nombre (m) | esm | اسم |
| apellido (m) | nām-e xānevādegi | نام خانوادگی |

tarifa (f)	ta'refe	تعرفه
ordinario (adj)	ādi	عادی
económico (adj)	ādi	عادی

peso (m)	vazn	وزن
pesar (~ una carta)	vazn kardan	وزن کردن
sobre (m)	pākat	پاکت
sello (m)	tambr	تمبر
poner un sello	tamr zadan	تمبر زدن

La vivienda. La casa. El hogar

82. La casa. La vivienda

casa (f)	xāne	خانه
en casa (adv)	dar xāne	در خانه
patio (m)	hayāt	حیاط
verja (f)	hesār	حصار
ladrillo (m)	ājor	آجر
de ladrillo (adj)	ājori	آجری
piedra (f)	sang	سنگ
de piedra (adj)	sangi	سنگی
hormigón (m)	boton	بتن
de hormigón (adj)	botoni	بتنی
nuevo (adj)	jadid	جدید
viejo (adj)	qadimi	قدیمی
deteriorado (adj)	maxrube	مخروبه
moderno (adj)	modern	مدرن
de muchos pisos	čandtabaqe	چندطبقه
alto (adj)	boland	بلند
piso (m), planta (f)	tabaqe	طبقه
de una sola planta	yek tabaqe	یک طبقه
piso (m) bajo	tabaqe-ye pāin	طبقهٔ پائین
piso (m) alto	tabaqe-ye bālā	طبقهٔ بالا
techo (m)	bām	بام
chimenea (f)	dudkeš	دودکش
tejas (f pl)	saqf-e kazeb	سقف کاذب
de tejas (adj)	sofāli	سفالی
desván (m)	zir-širvāni	زیرشیروانی
ventana (f)	panjere	پنجره
vidrio (m)	šiše	شیشه
alféizar (m)	tāqče-ye panjare	طاقچهٔ پنجره
contraventanas (f pl)	kerkere	کرکره
pared (f)	divār	دیوار
balcón (m)	bālkon	بالکن
gotera (f)	nāvdān	ناودان
arriba (estar ~)	bālā	بالا
subir (vi)	bālā raftan	بالا رفتن
descender (vi)	pāyin āmadan	پایین آمدن
mudarse (vr)	asbābkeši kardan	اسباب کشی کردن

83. La casa. La entrada. El ascensor

entrada (f)	darb-e vorudi	درب ورودی
escalera (f)	pellekān	پلکان
escalones (m pl)	pelle-hā	پله ها
baranda (f)	narde	نرده
vestíbulo (m)	lābi	لابی
buzón (m)	sanduq-e post	صندوق پست
contenedor (m) de basura	zobāle dān	زباله دان
bajante (f) de basura	šuting zobale	شوتینگ زباله
ascensor (m)	āsānsor	آسانسور
ascensor (m) de carga	bālābar	بالابر
cabina (f)	kābin-e āsānsor	کابین آسانسور
ir en el ascensor	āsānsor gereftan	آسانسور گرفتن
apartamento (m)	āpārtemān	آپارتمان
inquilinos (pl)	sākenān	ساکنان
vecino (m)	hamsāye	همسایه
vecina (f)	hamsāye	همسایه
vecinos (pl)	hamsāye-hā	همسایه ها

84. La casa. La puerta. La cerradura

puerta (f)	darb	درب
portón (m)	darvāze	دروازه
tirador (m)	dastgire-ye dar	دستگیرۀ در
abrir el cerrojo	bāz kardan	باز کردن
abrir (vt)	bāz kardan	باز کردن
cerrar (vt)	bastan	بستن
llave (f)	kelid	کلید
manojo (m) de llaves	daste	دسته
crujir (vi)	qežqež kardan	غژغژ کردن
crujido (m)	qež qež	غژ غژ
gozne (m)	lowlā	لولا
felpudo (m)	pādari	پادری
cerradura (f)	qofl	قفل
ojo (m) de cerradura	surāx kelid	سوراخ کلید
cerrojo (m)	kolun-e dar	کلون در
pestillo (m)	čeft	چفت
candado (m)	qofl	قفل
tocar el timbre	zang zadan	زنگ زدن
campanillazo (m)	zang	زنگ
timbre (m)	zang-e dar	زنگ در
botón (m)	zang	زنگ
toque (m) a la puerta	dar zadan	درزدن
tocar la puerta	dar zadan	درزدن

código (m)	kod	کد
cerradura (f) de contraseña	qofl-e ramz dār	قفل رمز دار
telefonillo (m)	āyfon	آیفون
número (m)	pelāk-e manzel	پلاک منزل
placa (f) de puerta	pelāk	پلاک
mirilla (f)	češmi	چشمی

85. La casa de campo

aldea (f)	rustā	روستا
huerta (f)	jāliz	جالیز
empalizada (f)	parčin	پرچین
valla (f)	hesār	حصار
puertecilla (f)	darvāze	دروازه
granero (m)	anbār	انبار
sótano (m)	zirzamin	زیرزمین
cobertizo (m)	ālonak	آلونک
pozo (m)	čāh	چاه
estufa (f)	boxāri	بخاری
calentar la estufa	rowšan kardan-e boxāri	روشن کردن بخاری
leña (f)	hizom	هیزم
leño (m)	kande-ye čub	کندهٔ چوب
veranda (f)	eyvān-e sarpušide	ایوان سرپوشیده
terraza (f)	terās	تراس
porche (m)	vorudi-e xāne	ورودی خانه
columpio (m)	tāb	تاب

86. El castillo. El palacio

castillo (m)	qal'e	قلعه
palacio (m)	kāx	کاخ
fortaleza (f)	qal'e	قلعه
muralla (f)	divār	دیوار
torre (f)	borj	برج
torre (f) principal	borj-e asli	برج اصلی
rastrillo (m)	darb-e kešowyi	درب کشویی
pasaje (m) subterráneo	rāh-e zirzamini	راه زیرزمینی
foso (m) del castillo	xandaq	خندق
cadena (f)	zanjir	زنجیر
aspillera (f)	mazqal	مزغل
magnífico (adj)	mojallal	مجلل
majestuoso (adj)	bāšokuh	باشکوه
inexpugnable (adj)	nofoz nāpazir	نفوذ ناپذیر
medieval (adj)	qorun-e vasati	قرون وسطی

87. El apartamento

apartamento (m)	āpārtemān	آپارتمان
habitación (f)	otāq	اتاق
dormitorio (m)	otāq-e xāb	اتاق خواب
comedor (m)	otāq-e qazāxori	اتاق غذاخوری
salón (m)	mehmānxāne	مهمانخانه
despacho (m)	daftar	دفتر
antecámara (f)	tālār-e vorudi	تالار ورودی
cuarto (m) de baño	hammām	حمام
servicio (m)	tuālet	توالت
techo (m)	saqf	سقف
suelo (m)	kaf	کف
rincón (m)	guše	گوشه

88. El apartamento. La limpieza

hacer la limpieza	tamiz kardan	تمیز کردن
quitar (retirar)	morattab kardan	مرتب کردن
polvo (m)	gard	گرد
polvoriento (adj)	gard ālud	گرد آلود
limpiar el polvo	gardgiri kardan	گردگیری کردن
aspirador (m), aspiradora (f)	jāru barqi	جارو برقی
limpiar con la aspiradora	jāru barq-i kešidan	جارو برقی کشیدن
barrer (vi, vt)	jāru kardan	جارو کردن
barreduras (f pl)	āšqāl	آشغال
orden (m)	nazm	نظم
desorden (m)	bi nazmi	بی نظمی
fregona (f)	jāru-ye dastedār	جاروی دسته دار
trapo (m)	kohne	کهنه
escoba (f)	jārub	جاروب
cogedor (m)	xāk andāz	خاک انداز

89. Los muebles. El interior

muebles (m pl)	mobl	مبل
mesa (f)	miz	میز
silla (f)	sandali	صندلی
cama (f)	taxt-e xāb	تخت خواب
sofá (m)	kānāpe	کاناپه
sillón (m)	mobl-e rāhati	مبل راحتی
librería (f)	qafase-ye ketāb	قفسه کتاب
estante (m)	qafase	قفسه
armario (m)	komod	کمد
percha (f)	raxt āviz	رخت آویز

perchero (m) de pie	čub lebāsi	چوب لباسی
cómoda (f)	komod	کمد
mesa (f) de café	miz-e pišdasti	میز پیشدستی

espejo (m)	āyene	آینه
tapiz (m)	farš	فرش
alfombra (f)	qāliče	قالیچه

chimenea (f)	šumine	شومینه
vela (f)	šamʿ	شمع
candelero (m)	šamʿdān	شمعدان

cortinas (f pl)	parde	پرده
empapelado (m)	kāqaz-e divāri	کاغذ دیواری
estor (m) de láminas	kerkere	کرکره

lámpara (f) de mesa	čerāq-e rumizi	چراغ رومیزی
aplique (m)	čerāq-e divāri	چراغ دیواری
lámpara (f) de pie	ābāžur	آباژور
lámpara (f) de araña	luster	لوستر

pata (f) (~ de la mesa)	pāye	پایه
brazo (m)	daste-ye sandali	دستهٔ صندلی
espaldar (m)	pošti	پشتی
cajón (m)	kešow	کشو

90. Los accesorios de cama

ropa (f) de cama	raxt-e xāb	رخت خواب
almohada (f)	bālešt	بالشت
funda (f)	rubalešt	روبالشت
manta (f)	patu	پتو
sábana (f)	malāfe	ملافه
sobrecama (f)	rutaxti	روتختی

91. La cocina

cocina (f)	āšpazxāne	آشپزخانه
gas (m)	gāz	گاز
cocina (f) de gas	ojāgh-e gāz	اجاق گاز
cocina (f) eléctrica	ojāgh-e barghi	اجاق برقی
horno (m)	fer	فر
horno (m) microondas	māykrofer	مایکروفر

frigorífico (m)	yaxčāl	یخچال
congelador (m)	fereyzer	فریزر
lavavajillas (m)	māšin-e zarfšuyi	ماشین ظرفشویی

picadora (f) de carne	čarx-e gušt	چرخ گوشت
exprimidor (m)	ābmive giri	آبمیوه گیری
tostador (m)	towster	توستر
batidora (f)	maxlut kon	مخلوط کن

cafetera (f) (aparato de cocina)	qahve sāz	قهوه ساز
cafetera (f) (para servir)	qahve juš	قهوه جوش
molinillo (m) de café	āsiyāb-e qahve	آسیاب قهوه
hervidor (m) de agua	ketri	کتری
tetera (f)	quri	قوری
tapa (f)	sarpuš	سرپوش
colador (m) de té	čāy sāf kon	چای صاف کن
cuchara (f)	qāšoq	قاشق
cucharilla (f)	qāšoq čāy xori	قاشق چای خوری
cuchara (f) de sopa	qāšoq sup xori	قاشق سوپ خوری
tenedor (m)	čangāl	چنگال
cuchillo (m)	kārd	کارد
vajilla (f)	zoruf	ظروف
plato (m)	bošqāb	بشقاب
platillo (m)	na'lbeki	نعلبکی
vaso (m) de chupito	gilās-e vodkā	گیلاس ودکا
vaso (m) (~ de agua)	estekān	استکان
taza (f)	fenjān	فنجان
azucarera (f)	qandān	قندان
salero (m)	namakdān	نمکدان
pimentero (m)	felfeldān	فلفلدان
mantequera (f)	zarf-e kare	ظرف کره
cacerola (f)	qāblame	قابلمه
sartén (f)	tābe	تابه
cucharón (m)	malāqe	ملاقه
colador (m)	ābkeš	آبکش
bandeja (f)	sini	سینی
botella (f)	botri	بطری
tarro (m) de vidrio	šiše	شیشه
lata (f)	quti	قوطی
abrebotellas (m)	dar bāz kon	در بازکن
abrelatas (m)	dar bāz kon	در بازکن
sacacorchos (m)	dar bāz kon	در بازکن
filtro (m)	filter	فیلتر
filtrar (vt)	filter kardan	فیلتر کردن
basura (f)	āšqāl	آشغال
cubo (m) de basura	satl-e zobāle	سطل زباله

92. El baño

cuarto (m) de baño	hammām	حمام
agua (f)	āb	آب
grifo (m)	šir	شیر
agua (f) caliente	āb-e dāq	آب داغ

agua (f) fría	āb-e sard	آب سرد
pasta (f) de dientes	xamir-e dandān	خمیر دندان
limpiarse los dientes	mesvāk zadan	مسواک زدن
cepillo (m) de dientes	mesvāk	مسواک

afeitarse (vr)	riš tarāšidan	ریش تراشیدن
espuma (f) de afeitar	xamir-e eslāh	خمیر اصلاح
maquinilla (f) de afeitar	tiq	تیغ

lavar (vt)	šostan	شستن
darse un baño	hamām kardan	حمام کردن
ducha (f)	duš	دوش
darse una ducha	duš gereftan	دوش گرفتن

bañera (f)	vān hammām	وان حمام
inodoro (m)	tuālet-e farangi	توالت فرنگی
lavabo (m)	sink	سینک

| jabón (m) | sābun | صابون |
| jabonera (f) | jā sābun | جا صابون |

esponja (f)	abr	ابر
champú (m)	šāmpu	شامپو
toalla (f)	howle	حوله
bata (f) de baño	howle-ye hamām	حوله حمام

colada (f), lavado (m)	raxčuyi	لباسشویی
lavadora (f)	māšin-e lebas-šui	ماشین لباسشویی
lavar la ropa	šostan-e lebās	شستن لباس
detergente (m) en polvo	pudr-e lebas-šui	پودر لباسشویی

93. Los aparatos domésticos

televisor (m)	televiziyon	تلویزیون
magnetófono (m)	zabt-e sowt	ضبط صوت
vídeo (m)	video	ویدئو
radio (m)	rādiyo	رادیو
reproductor (m) (~ MP3)	paxš konande	پخش کننده

proyector (m) de vídeo	video porožektor	ویدئو پروژکتور
sistema (m) home cinema	sinamā-ye xānegi	سینمای خانگی
reproductor (m) de DVD	paxš konande-ye di vi di	پخش کننده دی وی دی
amplificador (m)	āmpli-fāyer	آمپلی فایر
videoconsola (f)	konsul-e bāzi	کنسول بازی

cámara (f) de vídeo	durbin-e filmbardāri	دوربین فیلمبرداری
cámara (f) fotográfica	durbin-e akkāsi	دوربین عکاسی
cámara (f) digital	durbin-e dijitāl	دوربین دیجیتال

aspirador (m), aspiradora (f)	jāru barqi	جارو برقی
plancha (f)	oto	اتو
tabla (f) de planchar	miz-e otu	میز اتو
teléfono (m)	telefon	تلفن
teléfono (m) móvil	telefon-e hamrāh	تلفن همراه

máquina (f) de escribir	māšin-e tahrir	ماشین تحریر
máquina (f) de coser	čarx-e xayyāti	چرخ خیاطی
micrófono (m)	mikrofon	میکروفون
auriculares (m pl)	guši	گوشی
mando (m) a distancia	kontorol az rāh-e dur	کنترل از راه دور
CD (m)	si-di	سیدی
casete (m)	kāst	کاست
disco (m) de vinilo	safhe-ye gerāmāfon	صفحه گرامافون

94. Los arreglos. La renovación

renovación (f)	ta'mir	تعمیر
renovar (vt)	ta'mir kardan	تعمیر کردن
reparar (vt)	ta'mir kardan	تعمیر کردن
poner en orden	morattab kardan	مرتب کردن
rehacer (vt)	dobāre anjām dādan	دوباره انجام دادن
pintura (f)	rang	رنگ
pintar (las paredes)	rang kardan	رنگ کردن
pintor (m)	naqqāš	نقاش
brocha (f)	qalam mu	قلم مو
cal (f)	sefid kāri	سفید کاری
encalar (vt)	sefid kāri kardan	سفید کاری کردن
empapelado (m)	kāqaz-e divāri	کاغذ دیواری
empapelar (vt)	kāqaz-e divāri kardan	کاغذ دیواری کردن
barniz (m)	lāk	لاک
cubrir con barniz	lāk zadan	لاک زدن

95. La plomería

agua (f)	āb	آب
agua (f) caliente	āb-e dāq	آب داغ
agua (f) fría	āb-e sard	آب سرد
grifo (m)	šir	شیر
gota (f)	qatre	قطره
gotear (el grifo)	čakidan	چکیدن
gotear (cañería)	našt kardan	نشت کردن
escape (m) de agua	našt	نشت
charco (m)	čāle	چاله
tubo (m)	lule	لوله
válvula (f)	šir-e falake	شیر فلکه
estar atascado	masdud šodan	مسدود شدن
instrumentos (m pl)	abzār	ابزار
llave (f) inglesa	āčār-e farānse	آچار فرانسه
destornillar (vt)	bāz kardan	باز کردن

atornillar (vt)	pič kardan	پیچ کردن
desatascar (vt)	lule bāz kardan	لوله باز کردن
fontanero (m)	lule keš	لوله کش
sótano (m)	zirzamin	زیرزمین
alcantarillado (m)	fāzelāb	فاضلاب

96. El fuego. El incendio

incendio (m)	ātaš suzi	آتش سوزی
llama (f)	šo'le	شعله
chispa (f)	jaraqqe	جرقه
humo (m)	dud	دود
antorcha (f)	maš'al	مشعل
hoguera (f)	ātaš	آتش
gasolina (f)	benzin	بنزین
queroseno (m)	naft-e sefid	نفت سفید
inflamable (adj)	sutani	سوختنی
explosivo (adj)	mavādd-e monfajere	مواد منفجره
PROHIBIDO FUMAR	sigār kešidan mamnu'	سیگار کشیدن ممنوع
seguridad (f)	amniyat	امنیت
peligro (m)	xatar	خطر
peligroso (adj)	xatarnāk	خطرناک
prenderse fuego	ātaš gereftan	آتش گرفتن
explosión (f)	enfejār	انفجار
incendiar (vt)	ātaš zadan	آتش زدن
incendiario (m)	ātaš afruz	آتش افروز
incendio (m) provocado	ātaš zadan-e amdi	آتش زدن عمدی
estar en llamas	šo'levar budan	شعله ور بودن
arder (vi)	suxtan	سوختن
incendiarse (vr)	suxtan	سوختن
llamar a los bomberos	ātaš-e nešāni rā xabar kardan	آتش نشانی را خبر کردن
bombero (m)	ātaš nešān	آتش نشان
coche (m) de bomberos	māšin-e ātašnešāni	ماشین آتش نشانی
cuerpo (m) de bomberos	tim-e ātašnešāni	تیم آتش نشانی
escalera (f) telescópica	nardebān-e ātašnešāni	نردبان آتش نشانی
manguera (f)	šelang-e ātaš-nešāni	شلنگ آتش نشانی
extintor (m)	kapsul-e ātašnešāni	کپسول آتش نشانی
casco (m)	kolāh-e imeni	کلاه ایمنی
sirena (f)	āžir-e xatar	آژیر خطر
gritar (vi)	faryād zadan	فریاد زدن
pedir socorro	be komak talabidan	به کمک طلبیدن
socorrista (m)	nejāt-e dahande	نجات دهنده
salvar (vt)	najāt dādan	نجات دادن
llegar (vi)	residan	رسیدن
apagar (~ el incendio)	xāmuš kardan	خاموش کردن

agua (f)	āb	آب
arena (f)	šen	شن
ruinas (f pl)	xarābe	خرابه
colapsarse (vr)	foru rixtan	فرو ريختن
hundirse (vr)	rizeš kardan	ريزش كردن
derrumbarse (vr)	foru rixtan	فرو ريختن
trozo (m) (~ del muro)	qet'e	قطعه
ceniza (f)	xākestar	خاكستر
morir asfixiado	xafe šodan	خفه شدن
perecer (vi)	košte šodan	كشته شدن

LAS ACTIVIDADES DE LA GENTE

El trabajo. Los negocios. Unidad 1

97. La banca

banco (m)	bānk	بانک
sucursal (f)	šo'be	شعبه
consultor (m)	mošāver	مشاور
gerente (m)	modir	مدیر
cuenta (f)	hesāb-e bānki	حساب بانکی
numero (m) de la cuenta	šomāre-ye hesāb	شمارهٔ حساب
cuenta (f) corriente	hesāb-e jāri	حساب جاری
cuenta (f) de ahorros	hesāb-e pasandāz	حساب پس انداز
abrir una cuenta	hesāb-e bāz kardan	حساب باز کردن
cerrar la cuenta	hesāb rā bastan	حساب را بستن
ingresar en la cuenta	be hesāb rixtan	به حساب ریختن
sacar de la cuenta	az hesāb bardāštan	از حساب برداشتن
depósito (m)	seporde	سپرده
hacer un depósito	seporde gozāštan	سپرده گذاشتن
giro (m) bancario	enteqāl	انتقال
hacer un giro	enteqāl dādan	انتقال دادن
suma (f)	jam'-e kol	جمع کل
¿Cuánto?	čeqadr?	چقدر؟
firma (f) (nombre)	emzā'	امضاء
firmar (vt)	emzā kardan	امضا کردن
tarjeta (f) de crédito	kārt-e e'tebāri	کارت اعتباری
código (m)	kod	کد
número (m) de tarjeta de crédito	šomāre-ye kārt-e e'tebāri	شماره کارت اعتباری
cajero (m) automático	xodpardāz	خودپرداز
cheque (m)	ček	چک
sacar un cheque	ček neveštan	چک نوشتن
talonario (m)	daste-ye ček	دسته چک
crédito (m)	e'tebār	اعتبار
pedir el crédito	darxāst-e vam kardan	درخواست وام کردن
obtener un crédito	vām gereftan	وام گرفتن
conceder un crédito	vām dādan	وام دادن
garantía (f)	zemānat	ضمانت

98. El teléfono. Las conversaciones telefónicas

teléfono (m)	telefon	تلفن
teléfono (m) móvil	telefon-e hamrāh	تلفن همراه
contestador (m)	monši-ye telefoni	منشی تلفنی
llamar, telefonear	telefon zadan	تلفن زدن
llamada (f)	tamās-e telefoni	تماس تلفنی
marcar un número	šomāre gereftan	شماره گرفتن
¿Sí?, ¿Dígame?	alo!	الو!
preguntar (vt)	porsidan	پرسیدن
responder (vi, vt)	javāb dādan	جواب دادن
oír (vt)	šenidan	شنیدن
bien (adv)	xub	خوب
mal (adv)	bad	بد
ruidos (m pl)	sedā	صدا
auricular (m)	guši	گوشی
descolgar (el teléfono)	guši rā bar dāštan	گوشی را برداشتن
colgar el auricular	guši rā gozāštan	گوشی را گذاشتن
ocupado (adj)	mašqul	مشغول
sonar (teléfono)	zang zadan	زنگ زدن
guía (f) de teléfonos	daftar-e telefon	دفتر تلفن
local (adj)	mahalli	محلی
llamada (f) local	telefon-e dāxeli	تلفن داخلی
de larga distancia	beyn-e šahri	بین شهری
llamada (f) de larga distancia	telefon-e beyn-e šahri	تلفن بین شهری
internacional (adj)	beynolmelali	بین المللی
llamada (f) internacional	telefon-e beynolmelali	تلفن بین المللی

99. El teléfono celular

teléfono (m) móvil	telefon-e hamrāh	تلفن همراه
pantalla (f)	namāyešgar	نمایشگر
botón (m)	dokme	دکمه
tarjeta SIM (f)	sim-e kārt	سیم کارت
pila (f)	bātri	باطری
descargarse (vr)	tamām šodan bātri	تمام شدن باتری
cargador (m)	šāržer	شارژ
menú (m)	meno	منو
preferencias (f pl)	tanzimāt	تنظیمات
melodía (f)	āhang	آهنگ
seleccionar (vt)	entexāb kardan	انتخاب کردن
calculadora (f)	māšin-e hesāb	ماشین حساب
contestador (m)	monši-ye telefoni	منشی تلفنی
despertador (m)	sā'at-e zang dār	ساعت زنگ دار

contactos (m pl)	daftar-e telefon	دفتر تلفن
mensaje (m) de texto	payāmak	پیامک
abonado (m)	moštarek	مشترک

100. Los artículos de escritorio. La papelería

bolígrafo (m)	xodkār	خودکار
pluma (f) estilográfica	xodnevis	خودنویس
lápiz (m)	medād	مداد
marcador (m)	māžik	ماژیک
rotulador (m)	māžik	ماژیک
bloc (m) de notas	daftar-e yāddāšt	دفتر یادداشت
agenda (f)	daftar-e yāddāšt	دفتر یادداشت
regla (f)	xat keš	خط کش
calculadora (f)	māšin-e hesāb	ماشین حساب
goma (f) de borrar	pāk kon	پاک کن
chincheta (f)	punez	پونز
clip (m)	gire	گیره
cola (f), pegamento (m)	časb	چسب
grapadora (f)	mangane-ye zan	منگنه زن
perforador (m)	pānč	پانچ
sacapuntas (m)	madād-e tarāš	مداد تراش

El trabajo. Los negocios. Unidad 2

101. Medios de comunicación de masas

periódico (m)	ruznāme	روزنامه
revista (f)	majalle	مجله
prensa (f)	matbuāt	مطبوعات
radio (f)	rādiyo	رادیو
estación (f) de radio	istgāh-e rādiyoyi	ایستگاه رادیویی
televisión (f)	televiziyon	تلویزیون
presentador (m)	mojri	مجری
presentador (m) de noticias	guyande-ye axbār	گوینده اخبار
comentarista (m)	mofasser	مفسر
periodista (m)	ruznāme negār	روزنامه نگار
corresponsal (m)	xabarnegār	خبرنگار
corresponsal (m) fotográfico	akkās-e matbuāti	عکاس مطبوعاتی
reportero (m)	gozārešgar	گزارشگر
redactor (m)	virāstār	ویراستار
redactor jefe (m)	sardabir	سردبیر
suscribirse (vr)	moštarak šodan	مشترک شدن
suscripción (f)	ešterāk	اشتراک
suscriptor (m)	moštarek	مشترک
leer (vi, vt)	xāndan	خواندن
lector (m)	xānande	خواننده
tirada (f)	tirāž	تیراژ
mensual (adj)	māhāne	ماهانه
semanal (adj)	haftegi	هفتگی
número (m)	šomāre	شماره
nuevo (~ número)	tāze	تازه
titular (m)	sar xat-e xabar	سرخط خبر
noticia (f)	maqāle-ye kutāh	مقاله کوتاه
columna (f)	sotun	ستون
artículo (m)	maqāle	مقاله
página (f)	safhe	صفحه
reportaje (m)	gozāreš	گزارش
evento (m)	vāqe'e	واقعه
sensación (f)	hayajān	هیجان
escándalo (m)	janjāl	جنجال
escandaloso (adj)	janjāl āvar	جنجال آور
gran (~ escándalo)	bozorg	بزرگ
emisión (f)	barnāme	برنامه
entrevista (f)	mosāhebe	مصاحبه

| transmisión (f) en vivo | paxš-e mostaqim | پخش مستقیم |
| canal (m) | kānāl | کانال |

102. La agricultura

agricultura (f)	kešāvarzi	کشاورزی
campesino (m)	dehqān	دهقان
campesina (f)	dehqān	دهقان
granjero (m)	kešāvarz	کشاورز

| tractor (m) | terāktor | تراکتور |
| cosechadora (f) | kombāyn | کمباین |

arado (m)	gāvāhan	گاوآهن
arar (vi, vt)	šoxm zadan	شخم زدن
labrado (m)	zamin āmāde kešt	زمین آماده کشت
surco (m)	šiyār	شیار

sembrar (vi, vt)	kāštan	کاشتن
sembradora (f)	bazrpāš	بذرپاش
siembra (f)	košt	کشت

| guadaña (f) | dās | داس |
| segar (vi, vt) | dero kardan | درو کردن |

| pala (f) | bil | بیل |
| layar (vt) | kandan | کندن |

azada (f)	kaj bil	کج بیل
sachar, escardar	vajin kardan	وجین کردن
mala hierba (f)	alaf-e harz	علف هرز

regadera (f)	āb pāš	آب پاش
regar (plantas)	āb dādan	آب دادن
riego (m)	ābyāri	آبیاری

| horquilla (f) | čangak | چنگک |
| rastrillo (m) | šen keš | شن کش |

fertilizante (m)	kud	کود
abonar (vt)	kud dādan	کود دادن
estiércol (m)	kud-e heyvāni	کود حیوانی

campo (m)	sahrā	صحرا
prado (m)	čaman	چمن
huerta (f)	jāliz	جالیز
jardín (m)	bāq	باغ

pacer (vt)	čerāndan	چراندن
pastor (m)	čupān	چوپان
pastadero (m)	čerā-gāh	چراگاه

| ganadería (f) | dāmparvari | دامپروری |
| cría (f) de ovejas | gusfand dāri | گوسفند داری |

plantación (f)	mazrae	مزرعه
hilera (f) (~ de cebollas)	radif	ردیف
invernadero (m)	golxāne	گلخانه

| sequía (f) | xošksāli | خشکسالی |
| seco, árido (adj) | xošk | خشک |

grano (m)	dāne	دانه
cereales (m pl)	qallāt	غلات
recolectar (vt)	mahsul-e jam' kardan	محصول جمع کردن

molinero (m)	āsiyābān	آسیابان
molino (m)	āsiyāb	آسیاب
moler (vt)	qalle kubidan	غله کوبیدن
harina (f)	ārd	آرد
paja (f)	kāh	کاه

103. La construcción. El proceso de construcción

obra (f)	mahal-e sāxt-o sāz	محل ساخت و ساز
construir (vt)	sāxtan	ساختن
albañil (m)	kārgar-e sāxtemāni	کارگر ساختمانی

proyecto (m)	porože	پروژه
arquitecto (m)	me'mār	معمار
obrero (m)	kārgar	کارگر

cimientos (m pl)	šālude	شالوده
techo (m)	bām	بام
pila (f) de cimentación	pāye	پایه
muro (m)	divār	دیوار

| armadura (f) | milgerd | میل‌گرد |
| andamio (m) | dārbast | داربست |

hormigón (m)	boton	بتن
granito (m)	sang-e gerānit	سنگ گرانیت
piedra (f)	sang	سنگ
ladrillo (m)	ājor	آجر

arena (f)	šen	شن
cemento (m)	simān	سیمان
estuco (m)	gač kāri	گچ کاری
estucar (vt)	gačkār-i kardan	گچکاری کردن

pintura (f)	rang	رنگ
pintar (las paredes)	rang kardan	رنگ کردن
barril (m)	boške	بشکه

grúa (f)	jarsaqil	جرثقیل
levantar (vt)	boland kardan	بلند کردن
bajar (vt)	pāin āvardan	پائین آوردن
bulldózer (m)	buldozer	بولدوزر
excavadora (f)	dastgāh-e haffāri	دستگاه حفاری

cuchara (f)	bil	بیل
cavar (vt)	kandan	کندن
casco (m)	kolāh-e imeni	کلاه ایمنی

Las profesiones y los oficios

104. La búsqueda de trabajo. El despido

trabajo (m)	kār	کار
empleados (pl)	kārmandān	کارمندان
personal (m)	kādr	کادر
carrera (f)	šoql	شغل
perspectiva (f)	durnamā	دورنما
maestría (f)	mahārat	مهارت
selección (f)	entexāb	انتخاب
agencia (f) de empleo	āžāns-e kāryābi	آژانس کاریابی
curriculum vitae (m)	rezume	رزومه
entrevista (f)	mosāhabe-ye kari	مصاحبه کاری
vacancia (f)	post-e xāli	پست خالی
salario (m)	hoquq	حقوق
salario (m) fijo	darāmad-e s ābet	درآمد ثابت
remuneración (f)	pardāxt	پرداخت
puesto (m) (trabajo)	šoql	شغل
deber (m)	vazife	وظیفه
gama (f) de deberes	šarh-e vazāyef	شرح وظایف
ocupado (adj)	mašqul	مشغول
despedir (vt)	exrāj kardan	اخراج کردن
despido (m)	exrāj	اخراج
desempleo (m)	bikāri	بیکاری
desempleado (m)	bikār	بیکار
jubilación (f)	mostamerri	مستمری
jubilarse	bāznešaste šodan	بازنشسته شدن

105. Los negociantes

director (m)	modir	مدیر
gerente (m)	modir	مدیر
jefe (m)	ra'is	رئیس
superior (m)	māfowq	مافوق
superiores (m pl)	roasā	رؤسا
presidente (m)	ra'is jomhur	رئیس جمهور
presidente (m) (de compañía)	ra'is	رئیس
adjunto (m)	mo'āven	معاون
asistente (m)	mo'āven	معاون

secretario, -a (m, f)	monši	منشی
secretario (m) particular	dastyār-e šaxsi	دستیار شخصی
hombre (m) de negocios	bāzargān	بازرگان
emprendedor (m)	kārāfarin	کارآفرین
fundador (m)	moasses	مؤسس
fundar (vt)	ta'sis kardan	تأسیس کردن
institutor (m)	hamkār	همکار
socio (m)	šarik	شریک
accionista (m)	sahāmdār	سهامدار
millonario (m)	milyuner	میلیونر
multimillonario (m)	milyārder	میلیاردر
propietario (m)	sāheb	صاحب
terrateniente (m)	zamin-dār	زمین دار
cliente (m)	xaridār	خریدار
cliente (m) habitual	xaridār-e dāemi	خریدار دائمی
comprador (m)	xaridār	خریدار
visitante (m)	bāzdid konande	بازدید کننده
profesional (m)	herfe i	حرفه ای
experto (m)	kāršenās	کارشناس
especialista (m)	motexasses	متخصص
banquero (m)	kārmand-e bānk	کارمند بانک
broker (m)	dallāl-e kārgozār	دلال کارگزار
cajero (m)	sanduqdār	صندوقدار
contable (m)	hesābdār	حسابدار
guardia (m) de seguridad	negahbān	نگهبان
inversionista (m)	sarmāye gozār	سرمایه گذار
deudor (m)	bedehkār	بدهکار
acreedor (m)	talabkār	طلبکار
prestatario (m)	vām girande	وام گیرنده
importador (m)	vāred konande	وارد کننده
exportador (m)	sāder konande	صادر کننده
productor (m)	towlid konande	تولید کننده
distribuidor (m)	towzi' konande	توزیع کننده
intermediario (m)	vāsete	واسطه
asesor (m) (~ fiscal)	mošāver	مشاور
representante (m)	namāyande	نماینده
agente (m)	namāyande	نماینده
agente (m) de seguros	namāyande-ye bime	نمایندهٔ بیمه

106. Los trabajos de servicio

cocinero (m)	āšpaz	آشپز
jefe (m) de cocina	sarāšpaz	سرآشپز

panadero (m)	nānvā	نانوا
barman (m)	motesaddi-ye bār	متصدی بار
camarero (m)	pišxedmat	پیشخدمت
camarera (f)	pišxedmat	پیشخدمت

abogado (m)	vakil	وکیل
jurista (m)	hoquq dān	حقوق دان
notario (m)	daftardār	دفتردار

electricista (m)	barq-e kār	برق کار
fontanero (m)	lule keš	لوله کش
carpintero (m)	najjār	نجار

masajista (m)	māsāž dahande	ماساژ دهنده
masajista (f)	māsāž dahande	ماساژ دهنده
médico (m)	pezešk	پزشک

taxista (m)	rānande-ye tāksi	راننده تاکسی
chofer (m)	rānande	راننده
repartidor (m)	peyk	پیک

camarera (f)	mostaxdem	مستخدم
guardia (m) de seguridad	negahbān	نگهبان
azafata (f)	mehmāndār-e havāpeymā	مهماندار هواپیما

profesor (m) (~ de baile, etc.)	mo'allem	معلم
bibliotecario (m)	ketābdār	کتابدار
traductor (m)	motarjem	مترجم
intérprete (m)	motarjem-e šafāhi	مترجم شفاهی
guía (m)	rāhnamā-ye tur	راهنمای تور

peluquero (m)	ārāyešgar	آرایشگر
cartero (m)	nāme resān	نامه رسان
vendedor (m)	forušande	فروشنده

jardinero (m)	bāqbān	باغبان
servidor (m)	nowkar	نوکر
criada (f)	xedmatkār	خدمتکار
mujer (f) de la limpieza	zan-e nezāfatči	زن نظافتچی

107. La profesión militar y los rangos

soldado (m) raso	sarbāz	سرباز
sargento (m)	goruhbān	گروهبان
teniente (m)	sotvān	ستوان
capitán (m)	kāpitān	کاپیتان

mayor (m)	sargord	سرگرد
coronel (m)	sarhang	سرهنگ
general (m)	ženerāl	ژنرال
mariscal (m)	māršāl	مارشال
almirante (m)	daryāsālār	دریاسالار
militar (m)	nezāmi	نظامی
soldado (m)	sarbāz	سرباز

| oficial (m) | afsar | افسر |
| comandante (m) | farmāndeh | فرمانده |

guardafronteras (m)	marzbān	مرزبان
radio-operador (m)	bisim či	بیسیم چی
explorador (m)	ettelā'āti	اطلاعاتی
zapador (m)	mohandes estehkāmāt	مهندس استحکامات
tirador (m)	tirandāz	تیرانداز
navegador (m)	nāvbar	ناور

108. Los oficiales. Los sacerdotes

| rey (m) | šāh | شاه |
| reina (f) | maleke | ملکه |

| príncipe (m) | šāhzāde | شاهزاده |
| princesa (f) | pranses | پرنسس |

| zar (m) | tezār | تزار |
| zarina (f) | maleke | ملکه |

presidente (m)	ra'is jomhur	رئیس جمهور
ministro (m)	vazir	وزیر
primer ministro (m)	noxost vazir	نخست وزیر
senador (m)	senātor	سناتور

diplomático (m)	diplomāt	دیپلمات
cónsul (m)	konsul	کنسول
embajador (m)	safir	سفیر
consejero (m)	mošāver	مشاور

funcionario (m)	kārmand	کارمند
prefecto (m)	baxšdār	بخشدار
alcalde (m)	šahrdār	شهردار

| juez (m) | qāzi | قاضی |
| fiscal (m) | dādsetān | دادستان |

misionero (m)	misiyoner	میسیونر
monje (m)	rāheb	راهب
abad (m)	rāheb-e bozorg	راهب بزرگ
rabino (m)	xāxām	خاخام

visir (m)	vazir	وزیر
sha (m)	šāh	شاه
jeque (m)	šeyx	شیخ

109. Las profesiones agrícolas

apicultor (m)	zanburdār	زنبوردار
pastor (m)	čupān	چوپان
agrónomo (m)	motexasses-e kešāvarzi	متخصص کشاورزی

ganadero (m)	dāmparvar	دامپرور
veterinario (m)	dāmpezešk	دامپزشک
granjero (m)	kešāvarz	کشاورز
vinicultor (m)	šarāb sāz	شراب ساز
zoólogo (m)	jānevar-šenās	جانور شناس
vaquero (m)	gāvčerān	گاوچران

110. Las profesiones artísticas

actor (m)	bāzigar	بازیگر
actriz (f)	bāzigar	بازیگر
cantante (m)	xānande	خواننده
cantante (f)	xānande	خواننده
bailarín (m)	raqqās	رقاص
bailarina (f)	raqqāse	رقاصه
artista (m)	honarpiše	هنرپیشه
artista (f)	honarpiše	هنرپیشه
músico (m)	muzisiyan	موزیسین
pianista (m)	piyānist	پیانیست
guitarrista (m)	gitārist	گیتاریست
director (m) de orquesta	rahbar-e orkestr	رهبر ارکستر
compositor (m)	āhangsāz	آهنگساز
empresario (m)	modir-e operā	مدیر اپرا
director (m) de cine	kārgardān	کارگردان
productor (m)	tahiye konande	تهیه کننده
guionista (m)	senārist	سناریست
crítico (m)	montaqed	منتقد
escritor (m)	nevisande	نویسنده
poeta (m)	šā'er	شاعر
escultor (m)	mojassame sāz	مجسمه ساز
pintor (m)	naqqāš	نقاش
malabarista (m)	tardast	تردست
payaso (m)	dalqak	دلقک
acróbata (m)	ākrobāt	آکروبات
ilusionista (m)	šoʻbade bāz	شعبده باز

111. Profesiones diversas

médico (m)	pezešk	پزشک
enfermera (f)	parastār	پرستار
psiquiatra (m)	ravānpezešk	روانپزشک
dentista (m)	dandān pezešk	دندان پزشک
cirujano (m)	jarrāh	جراح

astronauta (m)	fazānavard	فضانورد
astrónomo (m)	setāre-šenās	ستاره شناس
piloto (m)	xalabān	خلبان
conductor (m) (chófer)	rānande	راننده
maquinista (m)	rānande	راننده
mecánico (m)	mekānik	مکانیک
minero (m)	ma'danči	معدنچی
obrero (m)	kārgar	کارگر
cerrajero (m)	qofl sāz	قفل ساز
carpintero (m)	najjār	نجار
tornero (m)	tarrāš kār	تراش کار
albañil (m)	kārgar-e sāxtemāni	کارگر ساختمانی
soldador (m)	juš kār	جوش کار
profesor (m) (título)	porofosor	پروفسور
arquitecto (m)	me'mār	معمار
historiador (m)	movarrex	مورخ
científico (m)	dānešmand	دانشمند
físico (m)	fizikdān	فیزیکدان
químico (m)	šimi dān	شیمی دان
arqueólogo (m)	bāstān-šenās	باستان شناس
geólogo (m)	zamin-šenās	زمین شناس
investigador (m)	pažuhešgar	پژوهشگر
niñera (f)	parastār bače	پرستار بچه
pedagogo (m)	āmuzgār	آموزگار
redactor (m)	virāstār	ویراستار
redactor jefe (m)	sardabir	سردبیر
corresponsal (m)	xabarnegār	خبرنگار
mecanógrafa (f)	māšin nevis	ماشین نویس
diseñador (m)	tarāh	طراح
especialista (m) en ordenadores	kāršenās kāmpiyuter	کارشناس کامپیوتر
programador (m)	barnāme-ye nevis	برنامه نویس
ingeniero (m)	mohandes	مهندس
marino (m)	malavān	ملوان
marinero (m)	malavān	ملوان
socorrista (m)	nejāt-e dahande	نجات دهنده
bombero (m)	ātaš nešān	آتش نشان
policía (m)	polis	پلیس
vigilante (m) nocturno	mohāfez	محافظ
detective (m)	kārāgāh	کارآگاه
aduanero (m)	ma'mur-e gomrok	مامور گمرک
guardaespaldas (m)	mohāfez-e šaxsi	محافظ شخصی
guardia (m) de prisiones	negahbān zendān	نگهبان زندان
inspector (m)	bāzres	بازرس
deportista (m)	varzeškār	ورزشکار
entrenador (m)	morabbi	مربی

carnicero (m)	qassāb	قصاب
zapatero (m)	kaffāš	کفاش
comerciante (m)	bāzargān	بازرگان
cargador (m)	bārbar	باربر
diseñador (m) de modas	tarrāh-e lebas	طراح لباس
modelo (f)	model-e zan	مدل زن

112. Los trabajos. El estatus social

escolar (m)	dāneš-āmuz	دانش آموز
estudiante (m)	dānešju	دانشجو
filósofo (m)	filsuf	فیلسوف
economista (m)	eqtesāddān	اقتصاددان
inventor (m)	moxtare'	مخترع
desempleado (m)	bikār	بیکار
jubilado (m)	bāznešaste	بازنشسته
espía (m)	jāsus	جاسوس
prisionero (m)	zendāni	زندانی
huelguista (m)	e'tesāb konande	اعتصاب کننده
burócrata (m)	ma'mur-e edāri	مأمور اداری
viajero (m)	mosāfer	مسافر
homosexual (m)	hamjens-e bāz	همجنس باز
hacker (m)	haker	هکر
hippie (m)	hipi	هیپی
bandido (m)	rāhzan	راهزن
sicario (m)	ādamkoš	آدمکش
drogadicto (m)	mo'tād	معتاد
narcotraficante (m)	forušande-ye mavādd-e moxadder	فروشندهٔ مواد مخدر
prostituta (f)	fāheše	فاحشه
chulo (m), proxeneta (m)	jākeš	جاکش
brujo (m)	jādugar	جادوگر
bruja (f)	jādugar	جادوگر
pirata (m)	dozd-e daryāyi	دزد دریایی
esclavo (m)	borde	برده
samurai (m)	sāmurāyi	سامورایی
salvaje (m)	vahši	وحشی

Los deportes

113. Tipos de deportes. Deportistas

deportista (m)	varzeškär	ورزشکار
tipo (m) de deporte	anvä-e varzeš	انواع ورزش
baloncesto (m)	basketbäl	بسکتبال
baloncestista (m)	basketbälist	بسکتبالیست
béisbol (m)	beysbäl	بیسبال
beisbolista (m)	beysbälist	بیسبالیست
fútbol (m)	futbäl	فوتبال
futbolista (m)	futbälist	فوتبالیست
portero (m)	darväze bän	دروازه بان
hockey (m)	häki	هاکی
jugador (m) de hockey	häki-ye bäz	هاکی باز
voleibol (m)	välibäl	والیبال
voleibolista (m)	välibälist	والیبالیست
boxeo (m)	boks	بوکس
boxeador (m)	boksor	بوکسور
lucha (f)	kešti	کشتی
luchador (m)	košti gir	کشتی گیر
kárate (m)	käräte	کاراته
karateka (m)	käräte-e bäz	کاراته باز
judo (m)	jodo	جودو
judoka (m)	jodo bäz	جودو باز
tenis (m)	tenis	تنیس
tenista (m)	tenis bäz	تنیس باز
natación (f)	šenä	شنا
nadador (m)	šenägar	شناگر
esgrima (f)	šamširbäzi	شمشیربازی
esgrimidor (m)	šamširbäz	شمشیرباز
ajedrez (m)	šatranj	شطرنج
ajedrecista (m)	šatranj bäz	شطرنج باز
alpinismo (m)	kuhnavardi	کوهنوردی
alpinista (m)	kuhnavard	کوهنورد
carrera (f)	do	دو

corredor (m)	davande	دونده
atletismo (m)	varzeš	ورزش
atleta (m)	varzeškār	ورزشکار

| deporte (m) hípico | asb savāri | اسب سواری |
| jinete (m) | savārkār | سوارکار |

patinaje (m) artístico	raqs ruy yax	رقص روی یخ
patinador (m)	eskeyt bāz	اسکیت باز
patinadora (f)	eskeyt bāz	اسکیت باز

| levantamiento (m) de pesas | vazne bardār-i | وزنه برداری |
| levantador (m) de pesas | vazne bardār | وزنه بردار |

| carreras (f pl) de coches | mosābeqe-ye otomobilrāni | مسابقة اتومبیلرانی |
| piloto (m) de carreras | otomobilrān | اتومبیلران |

| ciclismo (m) | dočarxe savāri | دوچرخه سواری |
| ciclista (m) | dočarxe savār | دوچرخه سوار |

salto (m) de longitud	pareš-e tul	پرش طول
salto (m) con pértiga	pareš bā neyze	پرش با نیزه
saltador (m)	pareš konande	پرش کننده

114. Tipos de deportes. Miscelánea

fútbol (m) americano	futbāl-e āmrikāyi	فوتبال آمریکایی
bádminton (m)	badminton	بدمینتون
biatlón (m)	biatlon	بیاتلون
billar (m)	bilyārd	بیلیارد

bobsleigh (m)	surtme	سورتمه
culturismo (m)	badansāzi	بدنسازی
waterpolo (m)	vāterpolo	واترپولو
balonmano (m)	handbāl	هندبال
golf (m)	golf	گلف

remo (m)	qāyeq rāni	قایق رانی
buceo (m)	dāyving	دایوینگ
esquí (m) de fondo	eski-ye sahrānavardi	اسکی صحرانوردی
tenis (m) de mesa	ping pong	پینگ پونگ

vela (f)	qāyeq-rāni bādbani	قایق رانی بادبانی
rally (m)	rāli	رالی
rugby (m)	rāgbi	راگبی
snowboarding (m)	snowbord	اسنوبورد
tiro (m) con arco	tirandāzi bā kamān	تیراندازی با کمان

115. El gimnasio

| barra (f) de pesas | hālter | هالتر |
| pesas (f pl) | dambel | دمبل |

aparato (m) de ejercicios	mãšin-e tamrin	ماشین تمرین
bicicleta (f) estática	dočarxe-ye tamrin	دوچرخه تمرین
cinta (f) de correr	pist-e do	پیست دو
barra (f) fija	bãrfiks	بارفیکس
barras (f pl) paralelas	pãrãlel	پارالل
potro (m)	xarak	خرک
colchoneta (f)	tošak	تشک
comba (f)	tanãb	طناب
aeróbica (f)	ãirobik	ایروبیک
yoga (m)	yugã	یوگا

116. Los deportes. Miscelánea

Juegos (m pl) Olímpicos	bãzihã-ye olampik	بازی‌های المپیک
vencedor (m)	barande	برنده
vencer (vi)	piruz šodan	پیروز شدن
ganar (vi)	piruz šodan	پیروز شدن
líder (m)	rahbar	رهبر
liderar (vt)	lider budan	لیدر بودن
primer puesto (m)	rotbe-ye avval	رتبه اول
segundo puesto (m)	rotbe-ye dovvom	رتبه دوم
tercer puesto (m)	rotbe-ye sevvom	رتبه سوم
medalla (f)	medãl	مدال
trofeo (m)	kãp	کاپ
copa (f) (trofeo)	jãm	جام
premio (m)	jãyeze	جایزه
premio (m) principal	jãyeze-ye asli	جایزۀ اصلی
record (m)	rekord	رکورد
establecer un record	rekord gozãštan	رکورد گذاشتن
final (m)	finãl	فینال
de final (adj)	pãyãni	پایانی
campeón (m)	qahremãn	قهرمان
campeonato (m)	mosãbeqe-ye qahremãni	مسابقه قهرمانی
estadio (m)	varzešgãh	ورزشگاه
gradería (f)	teribun	تریبون
hincha (m)	tarafdãr	طرفدار
adversario (m)	raqib	رقیب
arrancadero (m)	šoruʿ	شروع
línea (f) de meta	entehã	انتها
derrota (f)	šekast	شکست
perder (vi)	bãxtan	باختن
árbitro (m)	dãvar	داور
jurado (m)	heyʿat-e dãvarãn	هیئت داوران

cuenta (f)	emtiyāz	امتیاز
empate (m)	mosāvi	مساوی
empatar (vi)	bāzi rā mosāvi kardan	بازی رامساوی کردن
punto (m)	emtiyāz	امتیاز
resultado (m)	natije	نتیجه
tiempo (m)	dowre	دوره
descanso (m)	hāf tāym	هاف تایم
droga (f), doping (m)	doping	دوپینگ
penalizar (vt)	jarime kardan	جریمه کردن
descalificar (vt)	rad-e salāhiyat kardan	رد صلاحیت کردن
aparato (m)	asbāb	اسباب
jabalina (f)	neyze	نیزه
peso (m) (lanzamiento de ~)	vazne	وزنه
bola (f) (billar, etc.)	tup	توپ
objetivo (m)	hadaf	هدف
blanco (m)	nešangah	نشانگاه
tirar (vi)	tirandāzi kardan	تیراندازی کردن
preciso (~ disparo)	dorost	درست
entrenador (m)	morabbi	مربی
entrenar (vt)	tamrin dādan	تمرین دادن
entrenarse (vr)	tamrin kardan	تمرین کردن
entrenamiento (m)	tamrin	تمرین
gimnasio (m)	sālon-e varzeš	سالن ورزش
ejercicio (m)	tamrin	تمرین
calentamiento (m)	garm kardan	گرم کردن

La educación

117. La escuela

escuela (f)	madrese	مدرسه
director (m) de escuela	modir-e madrese	مدیر مدرسه
alumno (m)	dāneš-āmuz	دانش آموز
alumna (f)	dāneš-āmuz	دانش آموز
escolar (m)	dāneš-āmuz	دانش آموز
escolar (f)	dāneš-āmuz	دانش آموز
enseñar (vt)	āmuxtan	آموختن
aprender (ingles, etc.)	yād gereftan	یاد گرفتن
aprender de memoria	az hefz kardan	از حفظ کردن
aprender (a leer, etc.)	yād gereftan	یاد گرفتن
estar en la escuela	tahsil kardan	تحصیل کردن
ir a la escuela	madrese raftan	مدرسه رفتن
alfabeto (m)	alefbā	الفبا
materia (f)	mabhas	مبحث
aula (f)	kelās	کلاس
lección (f)	dars	درس
recreo (m)	zang-e tafrih	زنگ تفریح
campana (f)	zang	زنگ
pupitre (m)	miz-e tahrir	میز تحریر
pizarra (f)	taxte-ye siyāh	تخته سیاه
nota (f)	nomre	نمره
buena nota (f)	nomre-ye xub	نمرهٔ خوب
mala nota (f)	nomre-ye bad	نمرهٔ بد
poner una nota	nomre gozāštan	نمره گذاشتن
falta (f)	eštebāh	اشتباه
hacer faltas	eštebāh kardan	اشتباه کردن
corregir (un error)	eslāh kardan	اصلاح کردن
chuleta (f)	taqallob	تقلب
deberes (m pl) de casa	taklif manzel	تکلیف منزل
ejercicio (m)	tamrin	تمرین
estar presente	hozur dāštan	حضور داشتن
estar ausente	qāyeb budan	غایب بودن
faltar a las clases	az madrese qāyeb budan	از مدرسه غایب بودن
castigar (vt)	tanbih kardan	تنبیه کردن
castigo (m)	tanbih	تنبیه
conducta (f)	raftār	رفتار

libreta (f) de notas	gozāreš-e ruzāne	گزارش روزانه
lápiz (m)	medād	مداد
goma (f) de borrar	pāk kon	پاک کن
tiza (f)	gač	گچ
cartuchera (f)	qalamdān	قلمدان

mochila (f)	kif madrese	کیف مدرسه
bolígrafo (m)	xodkār	خودکار
cuaderno (m)	daftar	دفتر
manual (m)	ketāb-e darsi	کتاب درسی
compás (m)	pargār	پرگار

| trazar (vi, vt) | rasm kardan | رسم کردن |
| dibujo (m) técnico | rasm-e fani | رسم فنی |

poema (m), poesía (f)	še'r	شعر
de memoria (adv)	az hefz	از حفظ
aprender de memoria	az hefz kardan	از حفظ کردن

vacaciones (f pl)	ta'tilāt	تعطیلات
estar de vacaciones	dar ta'tilāt budan	در تعطیلات بودن
pasar las vacaciones	ta'tilāt rā gozarāndan	تعطیلات را گذراندن

prueba (f) escrita	emtehān	امتحان
composición (f)	enšā'	انشاء
dictado (m)	dikte	دیکته
examen (m)	emtehān	امتحان
hacer un examen	emtehān dādan	امتحان دادن
experimento (m)	āzmāyeš	آزمایش

118. Los institutos. La Universidad

academia (f)	farhangestān	فرهنگستان
universidad (f)	dānešgāh	دانشگاه
facultad (f)	dāneškade	دانشکده

estudiante (m)	dānešju	دانشجو
estudiante (f)	dānešju	دانشجو
profesor (m)	ostād	استاد

| aula (f) | kelās | کلاس |
| graduado (m) | fāreqottahsil | فارغ التحصیل |

| diploma (m) | diplom | دیپلم |
| tesis (f) de grado | pāyān nāme | پایان نامه |

| estudio (m) | tahqiqe elmi | تحقیق علمی |
| laboratorio (m) | āzmāyešgāh | آزمایشگاه |

| clase (f) | soxanrāni | سخنرانی |
| compañero (m) de curso | ha mdowre i | هم دوره ای |

| beca (f) | burse tahsili | بورس تحصیلی |
| grado (m) académico | daraje-ye elmi | درجهٔ علمی |

119. Las ciencias. Las disciplinas

matemáticas (f pl)	riyāziyāt	ریاضیات
álgebra (f)	jabr	جبر
geometría (f)	hendese	هندسه
astronomía (f)	setāre-šenāsi	ستاره شناسی
biología (f)	zist-šenāsi	زیست شناسی
geografía (f)	joqrāfiyā	جغرافیا
geología (f)	zamin-šenāsi	زمین شناسی
historia (f)	tārix	تاریخ
medicina (f)	pezeški	پزشکی
pedagogía (f)	olume tarbiyati	علوم تربیتی
derecho (m)	hoquq	حقوق
física (f)	fizik	فیزیک
química (f)	šimi	شیمی
filosofía (f)	falsafe	فلسفه
psicología (f)	ravānšenāsi	روانشناسی

120. Los sistemas de escritura. La ortografía

gramática (f)	gerāmer	گرامر
vocabulario (m)	vājegān	واژگان
fonética (f)	sadā-šenāsi	صداشناسی
sustantivo (m)	esm	اسم
adjetivo (m)	sefat	صفت
verbo (m)	fe'l	فعل
adverbio (m)	qeyd	قید
pronombre (m)	zamir	ضمیر
interjección (f)	harf-e nedā	حرف ندا
preposición (f)	harf-e ezāfe	حرف اضافه
raíz (f), radical (m)	riše-ye kalame	ریشه کلمه
desinencia (f)	pasvand	پسوند
prefijo (m)	pišvand	پیشوند
sílaba (f)	hejā	هجا
sufijo (m)	pasvand	پسوند
acento (m)	fešar-e hejā	فشار هجا
apóstrofo (m)	āpostrof	آپوستروف
punto (m)	noqte	نقطه
coma (m)	virgul	ویرگول
punto y coma	noqte virgul	نقطه ویرگول
dos puntos (m pl)	donoqte	دونقطه
puntos (m pl) suspensivos	čand noqte	چند نقطه
signo (m) de interrogación	alāmat-e soāl	علامت سؤال
signo (m) de admiración	alāmat-e taajjob	علامت تعجب

comillas (f pl)	giyume	گیومه
entre comillas	dar giyume	در گیومه
paréntesis (m)	parãntez	پرانتز
entre paréntesis	dar parãntez	در پرانتز
guión (m)	xatt-e vãsel	خط واصل
raya (f)	xatt-e tire	خط تیره
blanco (m)	fãsele	فاصله
letra (f)	harf	حرف
letra (f) mayúscula	harf-e bozorg	حرف بزرگ
vocal (f)	sedãdãr	صدادار
consonante (m)	sãmet	صامت
oración (f)	jomle	جمله
sujeto (m)	nahãd	نهاد
predicado (m)	gozãre	گزاره
línea (f)	satr	سطر
en una nueva línea	sar-e satr	سر سطر
párrafo (m)	band	بند
palabra (f)	kalame	کلمه
combinación (f) de palabras	ebãrat	عبارت
expresión (f)	bayãn	بیان
sinónimo (m)	moterãdef	مترادف
antónimo (m)	motezãd	متضاد
regla (f)	qã'ede	قاعده
excepción (f)	estesnã	استثنا
correcto (adj)	sahih	صحیح
conjugación (f)	sarf	صرف
declinación (f)	sarf-e kalemãt	صرف کلمات
caso (m)	hãlat	حالت
pregunta (f)	soãl	سؤال
subrayar (vt)	xatt kešidan	خط کشیدن
línea (f) de puntos	noqte čin	نقطه چین

121. Los idiomas extranjeros

lengua (f)	zabãn	زبان
extranjero (adj)	xãreji	خارجی
lengua (f) extranjera	zabãn-e xãreji	زبان خارجی
estudiar (vt)	dars xãndan	درس خواندن
aprender (ingles, etc.)	yãd gereftan	یاد گرفتن
leer (vi, vt)	xãndan	خواندن
hablar (vi, vt)	harf zadan	حرف زدن
comprender (vt)	fahmidan	فهمیدن
escribir (vt)	neveštan	نوشتن
rápidamente (adv)	sari'	سریع
lentamente (adv)	ãheste	آهسته

con fluidez (adv)	ravān	روان
reglas (f pl)	qavā'ed	قواعد
gramática (f)	gerāmer	گرامر
vocabulario (m)	vājegān	واژگان
fonética (f)	āvā-šenāsi	آواشناسی
manual (m)	ketāb-e darsi	کتاب درسی
diccionario (m)	farhang-e loqat	فرهنگ لغت
manual (m) autodidáctico	xod-āmuz	خودآموز
guía (f) de conversación	ketāb-e mokāleme	کتاب مکالمه
casete (m)	kāst	کاست
videocasete (f)	kāst-e video	کاست ویدئو
disco compacto, CD (m)	si-di	سیدی
DVD (m)	dey vey dey	دی وی دی
alfabeto (m)	alefbā	الفبا
deletrear (vt)	heji kardan	هجی کردن
pronunciación (f)	talaffoz	تلفظ
acento (m)	lahje	لهجه
con acento	bā lahje	با لهجه
sin acento	bi lahje	بی لهجه
palabra (f)	kalame	کلمه
significado (m)	ma'ni	معنی
cursos (m pl)	dowre	دوره
inscribirse (vr)	nām-nevisi kardan	نام نویسی کردن
profesor (m) (~ de inglés)	ostād	استاد
traducción (f) (proceso)	tarjome	ترجمه
traducción (f) (texto)	tarjome	ترجمه
traductor (m)	motarjem	مترجم
intérprete (m)	motarjem-e šafāhi	مترجم شفاهی
políglota (m)	čand zabāni	چند زبانی
memoria (f)	hāfeze	حافظه

122. Los personajes de los cuentos de hadas

Papá Noel (m)	bābā noel	بابا نوئل
Cenicienta (f)	sinderelā	سیندرلا
sirena (f)	pari-ye daryāyi	پری دریایی
Neptuno (m)	nepton	نپتون
mago (m)	sāher	ساحر
maga (f)	sāher	ساحر
mágico (adj)	jāduyi	جادویی
varita (f) mágica	asā-ye sehrāmiz	عصای سحرآمیز
cuento (m) de hadas	afsāne	افسانه
milagro (m)	mo'jeze	معجزه
enano (m)	kutule	کوتوله

transformarse en …	tabdil šodan	تبدیل شدن
espíritu (m) (fantasma)	šabah	شبح
fantasma (m)	šabah	شبح
monstruo (m)	qul	غول
dragón (m)	eždehā	اژدها
gigante (m)	qul	غول

123. Los signos de zodiaco

Aries (m)	borj-e haml	برج حمل
Tauro (m)	borj-e sowr	برج ثور
Géminis (m pl)	borj-e jowzā	برج جوزا
Cáncer (m)	saratān	سرطان
Leo (m)	šir	شیر
Virgo (m)	borj-e sonbole	برج سنبله
Libra (f)	borj-e mizān	برج میزان
Escorpio (m)	borj-e aqrab	برج عقرب
Sagitario (m)	borj-e qows	برج قوس
Capricornio (m)	borj-e jeddi	برج جدی
Acuario (m)	borj-e dalow	برج دلو
Piscis (m pl)	borj-e hut	برج حوت
carácter (m)	šaxsiyat	شخصیت
rasgos (m pl) de carácter	xosusiyāt-e axlāqi	خصوصیات اخلاقی
conducta (f)	raftār	رفتار
decir la buenaventura	fāl gereftan	فال گرفتن
adivinadora (f)	fālgir	فالگیر
horóscopo (m)	tāle' bini	طالع بینی

El arte

teatro (m)	teātr	تئاتر
ópera (f)	operā	اپرا
opereta (f)	operā-ye kučak	اپرای کوچک
ballet (m)	bāle	باله
cartelera (f)	e'lān-e namāyeš	اعلان نمایش
compañía (f) de teatro	hey'at honarpišegān	هیئت هنرپیشگان
gira (f) artística	safar	سفر
hacer una gira artística	dar tur budan	در تور بودن
ensayar (vi, vt)	tamrin kardan	تمرین کردن
ensayo (m)	tamrin	تمرین
repertorio (m)	roperator	رپراتور
representación (f)	namāyeš	نمایش
espectáculo (m)	namāyeš	نمایش
pieza (f) de teatro	namāyeš nāme	نمایش نامه
billet (m)	belit	بلیط
taquilla (f)	belit-foruši	بلیت فروشی
vestíbulo (m)	lābi	لابی
guardarropa (f)	komod-e lebās	کمد لباس
ficha (f) de guardarropa	žeton	ژتون
gemelos (m pl)	durbin	دوربین
acomodador (m)	rāhnamā	راهنما
patio (m) de butacas	sandali-ye orkestr	صندلی ارکستر
balconcillo (m)	bālkon	بالکن
entresuelo (m)	bālkon-e avval	بالکن اول
palco (m)	jāygāh-e vižhe	جایگاه ویژه
fila (f)	radif	ردیف
asiento (m)	jā	جا
público (m)	hozzār	حضار
espectador (m)	tamāšāči	تماشاچی
aplaudir (vi, vt)	kaf zadan	کف زدن
aplausos (m pl)	tašviq	تشویق
ovación (f)	šādi-va sorur	شادی و سرور
escenario (m)	sahne	صحنه
telón (m)	parde	پرده
decoración (f)	sahne	صحنه
bastidores (m pl)	pošt-e sahne	پشت صحنه
escena (f)	sahne	صحنه
acto (m)	parde	پرده
entreacto (m)	ānterākt	آنتراکت

125. El cine

actor (m)	bāzigar	بازیگر
actriz (f)	bāzigar	بازیگر

cine (m) (industria)	sinamā	سینما
película (f)	film	فیلم
episodio (m)	qesmat	قسمت

película (f) policíaca	film-e polisi	فیلم پلیسی
película (f) de acción	film-e akšen	فیلم اکشن
película (f) de aventura	film-e mājarāyi	فیلم ماجرایی
película (f) de ciencia ficción	film-e elmi-ye taxayyoli	فیلم علمی تخیلی
película (f) de horror	film-e tarsnāk	فیلم ترسناک

película (f) cómica	komedi	کمدی
melodrama (m)	meloderām	ملودرام
drama (m)	derām	درام

película (f) de ficción	film-e honari	فیلم هنری
documental (m)	film-e mostanad	فیلم مستند
dibujos (m pl) animados	kārton	کارتون
cine (m) mudo	film-e sāmet	فیلم صامت

papel (m)	naqš	نقش
papel (m) principal	naqš-e asli	نقش اصلی
interpretar (vt)	bāzi kardan	بازی کردن

estrella (f) de cine	setāre-ye sinamā	ستارهٔ سینما
conocido (adj)	mašhur	مشهور
famoso (adj)	mašhur	مشهور
popular (adj)	saršenās	سرشناس

guión (m) de cine	senāriyo	سناریو
guionista (m)	senārist	سناریست
director (m) de cine	kārgardān	کارگردان
productor (m)	tahiye konande	تهیه کننده
asistente (m)	dastyār	دستیار
operador (m) de cámara	filmbardār	فیلمبردار
doble (m) de riesgo	badalkār	بدلکار
doble (m)	dublur	دوبلور

filmar una película	film gereftan	فیلم گرفتن
audición (f)	test	تست
rodaje (m)	film bardār-i	فیلم برداری
equipo (m) de rodaje	goruh film bar dār-i	گروه فیلم برداری
plató (m) de rodaje	mahal film bar dār-i	محل فیلم برداری
cámara (f)	durbin	دوربین

cine (m) (iremos al ~)	sinamā	سینما
pantalla (f)	parde	پرده
mostrar la película	film-e nešān dādan	فیلم نشان دادن

pista (f) sonora	musiqi-ye matn	موسیقی متن
efectos (m pl) especiales	jelvehā-ye vižhe	جلوه های ویژه

subtítulos (m pl)	zirnevis	زیرنویس
créditos (m pl)	titrāj	تیتراژ
traducción (f)	tarjome	ترجمه

126. La pintura

arte (m)	honar	هنر
bellas artes (f pl)	honarhā-ye zibā	هنرهای زیبا
galería (f) de arte	gāleri-ye honari	گالری هنری
exposición (f) de arte	namāyešgāh-e honari	نمایشگاه هنری

pintura (f) (tipo de arte)	naqqāši	نقاشی
gráfica (f)	honar-e gerāfik	هنر گرافیک
abstraccionismo (m)	honar-e ābestre	هنر آبستره
impresionismo (m)	ampersiyonism	امپرسیونیسم

pintura (f) (cuadro)	tasvir	تصویر
dibujo (m)	naqqāši	نقاشی
pancarta (f)	poster	پوستر

ilustración (f)	tasvir	تصویر
miniatura (f)	minyātor	مینیاتور
copia (f)	nosxe	نسخه
reproducción (f)	taksir	تکثیر

mosaico (m)	muzāik	موزائیک
vitral (m)	naqqāši ruy šiše	نقاشی روی شیشه
fresco (m)	naqqāši ruy gač	نقاشی روی گچ
grabado (m)	gerāvur	گراور

busto (m)	mojassame-ye nimtane	مجسمهٔ نیم تنه
escultura (f)	mojassame sāz-i	مجسمه سازی
estatua (f)	mojassame	مجسمه
yeso (m)	gač	گچ
en yeso (adj)	gači	گچی

retrato (m)	temsāl	تمثال
autorretrato (m)	tasvir-e naqqāš	تصویر نقاش
paisaje (m)	manzare	منظره
naturaleza (f) muerta	tabi'at-e bijān	طبیعت بیجان
caricatura (f)	kārikātor	کاریکاتور
boceto (m)	tarh-e moqaddamāti	طرح مقدماتی

pintura (f) (material)	rang	رنگ
acuarela (f)	āb-o rang	آب ورنگ
óleo (m)	rowqan	روغن
lápiz (m)	medād	مداد
tinta (f) china	morakkab	مرکب
carboncillo (m)	zoqāl	زغال

dibujar (vi, vt)	naqqāši kardan	نقاشی کردن
pintar (vi, vt)	naqqāši kardan	نقاشی کردن
posar (vi)	žest gereftan	ژست گرفتن
modelo (m)	model-e naqqāši	مدل نقاشی

modelo (f)	model-e naqqāši	مدل نقاشی
pintor (m)	naqqāš	نقاش
obra (f) de arte	asar-e honari	اثر هنری
obra (f) maestra	šāhkār	شاهکار
estudio (m) (de un artista)	kārgāh	کارگاه
lienzo (m)	bum-e naqāši	بوم نقاشی
caballete (m)	sepāye-ye naqqāši	سه پایهٔ نقاشی
paleta (f)	taxte-ye rang	تختهٔ رنگ
marco (m)	qāb	قاب
restauración (f)	maremmat	مرمت
restaurar (vt)	marammat kardan	مرمت کردن

127. La literatura y la poesía

literatura (f)	adabiyāt	ادبیات
autor (m) (escritor)	moallef	مؤلف
seudónimo (m)	taxallos	تخلص
libro (m)	ketāb	کتاب
tomo (m)	jeld	جلد
tabla (f) de contenidos	fehrest	فهرست
página (f)	safhe	صفحه
héroe (m) principal	qahremān-e asli	قهرمان اصلی
autógrafo (m)	dast-e xat	دست خط
relato (m) corto	hekāyat	حکایت
cuento (m)	dāstān	داستان
novela (f)	ramān	رمان
obra (f) literaria	ta'lif	تألیف
fábula (f)	afsāne	افسانه
novela (f) policíaca	dastane jenai	داستان جنایی
verso (m)	še'r	شعر
poesía (f)	še'r	شعر
poema (m)	še'r	شعر
poeta (m)	šā'er	شاعر
bellas letras (f pl)	dāstān	داستان
ciencia ficción (f)	elmi-ye taxayyoli	علمی تخیلی
aventuras (f pl)	sargozašt	سرگذشت
literatura (f) didáctica	adabiyāt-e āmuzeši	ادبیات آموزشی
literatura (f) infantil	adabiyāt-e kudak	ادبیات کودک

128. El circo

circo (m)	sirak	سیرک
circo (m) ambulante	sirak-e sayār	سیرک سیار
programa (m)	barnāme	برنامه
representación (f)	namāyeš	نمایش
número (m)	parde	پرده

arena (f)	sahne-ye sirak	صحنه سیرک
pantomima (f)	pãntomim	پانتومیم
payaso (m)	dalqak	دلقک

acróbata (m)	ākrobāt	آکروبات
acrobacia (f)	band-e bāzi	بند بازی
gimnasta (m)	žiminãstik kār	ژیمناستیک کار
gimnasia (f) acrobática	žiminãstik	ژیمناستیک
salto (m)	salto	سالتو

forzudo (m)	qavi heykal	قوی هیکل
domador (m)	rām konande	رام کننده
caballista (m)	savārkār	سوارکار
asistente (m)	dastyār	دستیار

truco (m)	širin kāri	شیرین کاری
truco (m) de magia	šo'bade bāzi	شعبده بازی
ilusionista (m)	šo'bade bāz	شعبده باز

malabarista (m)	tardast	تردست
malabarear (vt)	tardasti kardan	تردستی کردن
amaestrador (m)	morabbi-ye heyvānāt	مربی حیوانات
amaestramiento (m)	ta'lim heyvānāt	تعلیم حیوانات
amaestrar (vt)	tarbiyat kardan	تربیت کردن

129. La música. La música popular

música (f)	musiqi	موسیقی
músico (m)	muzisiyan	موزیسین
instrumento (m) musical	abzār-e musiqi	ابزار موسیقی
tocar ...	navāxtan	نواختن

guitarra (f)	gitār	گیتار
violín (m)	viyolon	ویولون
violonchelo (m)	viyolonsel	ویولون سل
contrabajo (m)	konterbās	کنتربباس
arpa (f)	čang	چنگ

piano (m)	piyāno	پیانو
piano (m) de cola	piyāno-e bozorg	پیانوی بزرگ
órgano (m)	arg	ارگ

instrumentos (m pl) de viento	sāzhā-ye bādi	سازهای بادی
oboe (m)	abva	ابوا
saxofón (m)	saksofon	ساکسوفون
clarinete (m)	qare ney	قره نی
flauta (f)	folut	فلوت
trompeta (f)	šeypur	شیپور

| acordeón (m) | ākordeon | آکوردئون |
| tambor (m) | tabl | طبل |

| dúo (m) | daste-ye do nafare | دسته دو نفره |
| trío (m) | daste-ye se nafar-i | دستهٔ سه نفری |

cuarteto (m)	daste-ye čāhārnafari	دستهٔ چهارنفری
coro (m)	kar	کر
orquesta (f)	orkesr	ارکستر

música (f) pop	musiqi-ye pāp	موسیقی پاپ
música (f) rock	musiqi-ye rāk	موسیقی راک
grupo (m) de rock	goruh-e rāk	گروه راک
jazz (m)	jāz	جاز

| ídolo (m) | mahbub | محبوب |
| admirador (m) | havādār | هوادار |

concierto (m)	konsert	کنسرت
sinfonía (f)	samfoni	سمفونی
composición (f)	tasnif	تصنیف
escribir (vt)	tasnif kardan	تصنیف کردن

canto (m)	āvāz	آواز
canción (f)	tarāne	ترانه
melodía (f)	āhang	آهنگ
ritmo (m)	ritm	ریتم
blues (m)	musiqi-ye boluz	موسیقی بلوز

notas (f pl)	daftar-e not	دفتر نت
batuta (f)	čub-e rahbari	چوب رهبری
arco (m)	ārše	آرشه
cuerda (f)	sim	سیم
estuche (m)	qalāf	غلاف

El descanso. El entretenimiento. El viaje

130. Las vacaciones. El viaje

turismo (m)	gardešgari	گردشگری
turista (m)	turist	توریست
viaje (m)	mosãferat	مسافرت
aventura (f)	mãjarã	ماجرا
viaje (m) (p.ej. ~ en coche)	safar	سفر
vacaciones (f pl)	moraxxasi	مرخصی
estar de vacaciones	dar moraxassi budan	در مرخصی بودن
descanso (m)	esterãhat	استراحت
tren (m)	qatãr	قطار
en tren	bã qatãr	با قطار
avión (m)	havãpeymã	هواپیما
en avión	bã havãpeymã	با هواپیما
en coche	bã otomobil	با اتومبیل
en barco	dar kešti	با کشتی
equipaje (m)	bãr	بار
maleta (f)	čamedãn	چمدان
carrito (m) de equipaje	čarx-e hamle bar	چرخ حمل بار
pasaporte (m)	gozarnãme	گذرنامه
visado (m)	ravãdid	روادید
billete (m)	belit	بلیط
billete (m) de avión	belit-e havãpeymã	بلیط هواپیما
guía (f) (libro)	ketãb-e rãhnamã	کتاب راهنما
mapa (m)	naqše	نقشه
área (f) (~ rural)	mahal	محل
lugar (m)	jã	جا
exotismo (m)	qarãyeb	غرایب
exótico (adj)	qarib	غریب
asombroso (adj)	heyrat angiz	حیرت انگیز
grupo (m)	goruh	گروه
excursión (f)	gardeš	گردش
guía (m) (persona)	rãhnamã-ye tur	راهنمای تور

131. El hotel

hotel (m)	hotel	هتل
motel (m)	motel	متل
de tres estrellas	se setãre	سه ستاره

de cinco estrellas	panj setāre	پنج ستاره
hospedarse (vr)	māndan	ماندن
habitación (f)	otāq	اتاق
habitación (f) individual	otāq-e yeknafare	اتاق یک نفره
habitación (f) doble	otāq-e do nafare	اتاق دو نفره
reservar una habitación	otāq rezerv kardan	اتاق رزرو کردن
media pensión (f)	nim pānsiyon	نیم پانسیون
pensión (f) completa	pānsiyon	پانسیون
con baño	bā vān	با وان
con ducha	bā duš	با دوش
televisión (f) satélite	televiziyon-e māhvārei	تلویزیون ماهواره ای
climatizador (m)	tahviye-ye matbu'	تهویه مطبوع
toalla (f)	howle	حوله
llave (f)	kelid	کلید
administrador (m)	edāre-ye konande	اداره کننده
camarera (f)	mostaxdem	مستخدم
maletero (m)	bārbar	باربر
portero (m)	darbān	دربان
restaurante (m)	resturān	رستوران
bar (m)	bār	بار
desayuno (m)	sobhāne	صبحانه
cena (f)	šām	شام
buffet (m) libre	bufe	بوفه
vestíbulo (m)	lābi	لابی
ascensor (m)	āsānsor	آسانسور
NO MOLESTAR	mozāhem našavid	مزاحم نشوید
PROHIBIDO FUMAR	sigār kešidan mamnu'	سیگار کشیدن ممنوع

132. Los libros. La lectura

libro (m)	ketāb	کتاب
autor (m)	moallef	مؤلف
escritor (m)	nevisande	نویسنده
escribir (~ un libro)	neveštan	نوشتن
lector (m)	xānande	خواننده
leer (vi, vt)	xāndan	خواندن
lectura (f)	motāle'e	مطالعه
en silencio	be ārāmi	به آرامی
en voz alta	boland	بلند
editar (vt)	montašer kardan	منتشر کردن
edición (f) (~ de libros)	entešār	انتشار
editor (m)	nāšer	ناشر
editorial (f)	entešārāt	انتشارات
salir (libro)	montašer šodan	منتشر شدن

salida (f) (de un libro)	našr	نشر
tirada (f)	tirāž	تیراژ
librería (f)	ketāb-foruši	کتاب فروشی
biblioteca (f)	ketābxāne	کتابخانه
cuento (m)	dāstān	داستان
relato (m) corto	hekāyat	حکایت
novela (f)	ramān	رمان
novela (f) policíaca	dastane jenai	داستان جنایی
memorias (f pl)	xāterāt	خاطرات
leyenda (f)	afsāne	افسانه
mito (m)	osture	اسطوره
versos (m pl)	še'r	شعر
autobiografía (f)	zendegināme	زندگینامه
obras (f pl) escogidas	āsār-e montaxab	آثار منتخب
ciencia ficción (f)	elmi-ye taxayyoli	علمی تخیلی
título (m)	onvān	عنوان
introducción (f)	moqaddame	مقدمه
portada (f)	safhe-ye onvān	صفحه عنوان
capítulo (m)	fasl	فصل
extracto (m)	gozide	گزیده
episodio (m)	qesmat	قسمت
sujeto (m)	suže	سوژه
contenido (m)	mazmun	مضمون
tabla (f) de contenidos	fehrest	فهرست
héroe (m) principal	qahremān-e asli	قهرمان اصلی
tomo (m)	jeld	جلد
cubierta (f)	jeld	جلد
encuadernado (m)	sahhāfi	صحافی
marcador (m) de libro	čub-e alef	چوب الف
página (f)	safhe	صفحه
hojear (vt)	varaq zadan	ورق زدن
márgenes (m pl)	hāšiye	حاشیه
anotación (f)	hāšiye nevisi	حاشیه نویسی
nota (f) a pie de página	pāvaraqi	پاورقی
texto (m)	matn	متن
fuente (f)	font	فونت
errata (f)	qalat čāpi	غلط چاپی
traducción (f)	tarjome	ترجمه
traducir (vt)	tarjome kardan	ترجمه کردن
original (m)	nosxe-ye asli	نسخهٔ اصلی
famoso (adj)	mašhur	مشهور
desconocido (adj)	nāšenāxte	ناشناخته
interesante (adj)	jāleb	جالب
best-seller (m)	por foruš	پر فروش

diccionario (m)	farhang-e loqat	فرهنگ لغت
manual (m)	ketāb-e darsi	کتاب درسی
enciclopedia (f)	dāyeratolma'āref	دایره المعارف

133. La caza. La pesca

caza (f)	šekār	شکار
cazar (vi, vt)	šekār kardan	شکار کردن
cazador (m)	šekārči	شکارچی

tirar (vi)	tirandāzi kardan	تیراندازی کردن
fusil (m)	tofang	تفنگ
cartucho (m)	fešang	فشنگ
perdigón (m)	sāčme	ساچمه

cepo (m)	tale	تله
trampa (f)	dām	دام
caer en el cepo	dar tale oftādan	در تله افتادن
poner un cepo	tale gozāštan	تله گذاشتن

cazador (m) furtivo	šekārči-ye qeyr-e qānuni	شکارچی غیر قانونی
caza (f) menor	šekār	شکار
perro (m) de caza	sag-e šekāri	سگ شکاری
safari (m)	safar-e ektešāfi āfriqā	سفر اکتشافی آفریقا
animal (m) disecado	heyvān-e model	حیوان مدل

pescador (m)	māhigir	ماهیگیر
pesca (f)	māhigiri	ماهیگیری
pescar (vi)	māhi gereftan	ماهی گرفتن

caña (f) de pescar	čub māhi gir-i	چوب ماهی گیری
sedal (m)	nax-e māhigiri	نخ ماهیگیری
anzuelo (m)	qollāb	قلاب

| flotador (m) | šenāvar | شناور |
| cebo (m) | to'me | طعمه |

| lanzar el anzuelo | qollāb andāxtan | قلاب انداختن |
| picar (vt) | gāz gereftan | گاز گرفتن |

| pesca (f) (lo pescado) | seyd | صید |
| agujero (m) en el hielo | surāx dar yax | سوراخ دریخ |

red (f)	tur	تور
barca (f)	qāyeq	قایق
pescar con la red	bā tur-e māhi gereftan	با تورماهی گرفتن
tirar la red	tur andāxtan	تور انداختن

| sacar la red | tur rā birun āvardan | تور را بیرون آوردن |
| caer en la red | be tur oftādan | به تور افتادن |

ballenero (m) (persona)	seyād-e nahang	صیاد نهنگ
ballenero (m) (barco)	kešti-ye seyd-e nahang	کشتی صید نهنگ
arpón (m)	neyze	نیزه

134. Los juegos. El billar

billar (m)	bilyārd	بيليارد
sala (f) de billar	otāq-e bilyārd	اتاق بيليارد
bola (f) de billar	tup	توپ
entronerar la bola	tup vāred-e pākat kardan	توپ وارد پاكت كردن
taco (m)	čub-e bilyārd	چوب بيليارد
tronera (f)	pākat	پاكت

135. Los juegos. Las cartas

carta (f)	varaq	ورق
cartas (f pl)	varaq	ورق
baraja (f)	daste-ye varaq	دستهٔ ورق
triunfo (m)	xāl-e hokm	خال حكم
cuadrados (m pl)	xešt	خشت
picas (f pl)	peyk	پيك
corazones (m pl)	del	دل
tréboles (m pl)	xāj	خاج
as (m)	tak xāl	تك خال
rey (m)	šāh	شاه
dama (f)	bi bi	بى بى
sota (f)	sarbāz	سرباز
dar, distribuir (repartidor)	varaq dādan	ورق دادن
barajar (vt) (mezclar las cartas)	bar zadan	بر زدن
jugada (f) (turno)	harekat	حركت
punto (m)	xāl	خال
fullero (m)	moteqalleb	متقلب

136. El descanso. Los juegos. Miscelánea

pasear (vi)	gardeš kardan	گردش كردن
paseo (m) (caminata)	gardeš	گردش
paseo (m) (en coche)	siyāhat	سياحت
aventura (f)	mājarā	ماجرا
picnic (m)	pik nik	پيك نيك
juego (m)	bāzi	بازى
jugador (m)	bāzikon	بازيكن
partido (m)	dor-e bazi	دوربازى
coleccionista (m)	kolleksiyoner	كلكسيونر
coleccionar (vt)	jamʿ-e āvari kardan	جمع آورى كردن
colección (f)	koleksiyon	كلكسيون
crucigrama (m)	kalamāt-e moteqāteʿ	كلمات متقاطع
hipódromo (m)	meydān-e asb davāni	ميدان اسب دوانى

discoteca (f)	disko	دیسکو
sauna (f)	sonã	سونا
lotería (f)	baxt-e āzmāyi	بخت آزمایی
marcha (f)	rāh peymāyi	راه پیمایی
campo (m)	ordugāh	اردوگاه
campista (m)	kamp nešin	کمپ نشین
tienda (f) de campaña	čādor	چادر
brújula (f)	qotb namā	قطب نما
ver (la televisión)	tamāšā kardan	تماشا کردن
telespectador (m)	tamāšāči	تماشاچی
programa (m) de televisión	barnāme-ye televiziyoni	برنامه تلویزیونی

137. La fotografía

cámara (f) fotográfica	durbin-e akkāsi	دوربین عکاسی
fotografía (f) (una foto)	aks	عکس
fotógrafo (m)	akkās	عکاس
estudio (m) fotográfico	ātolye-ye akkāsi	آتلیهٔ عکاسی
álbum (m) de fotos	ālbom-e aks	آلبوم عکس
objetivo (m)	lenz-e durbin	لنز دوربین
teleobjetivo (m)	lenz-e tale-ye foto	لنز تله فوتو
filtro (m)	filter	فیلتر
lente (m)	lenz	لنز
óptica (f)	optik	اپتیک
diafragma (m)	diyāfrāgm	دیافراگم
tiempo (m) de exposición	sor'at-e bāz šodan-e lenz	سرعت بازشدن لنز
visor (m)	namā yāb	نما یاب
cámara (f) digital	durbin-e dijitāl	دوربین دیجیتال
trípode (m)	se pāye	سه پایه
flash (m)	feleš	فلش
fotografiar (vt)	akkāsi kardan	عکاسی کردن
hacer fotos	aks gereftan	عکس گرفتن
fotografiarse (vr)	aks gereftan	عکس گرفتن
foco (m)	noqte-ye kānuni	نقطه کانونی
enfocar (vt)	motemarkez kardan	متمرکز کردن
nítido (adj)	vāzeh	واضح
nitidez (f)	vozuh	وضوح
contraste (m)	konterāst	کنتراست
de alto contraste (adj)	konterāst	کنتراست
foto (f)	aks	عکس
negativo (m)	film-e negātiv	فیلم نگاتیو
película (f) fotográfica	film	فیلم
fotograma (m)	čārcub	چارچوب
imprimir (vt)	čāp kardan	چاپ کردن

138. La playa. La natación

playa (f)	peláž	پلاژ
arena (f)	šen	شن
desierto (playa ~a)	xāli	خالی
bronceado (m)	hammām-e āftāb	حمام آفتاب
broncearse (vr)	hammām-e āftāb gereftan	حمام آفتاب گرفتن
bronceado (adj)	boronze	برنزه
protector (m) solar	kerem-e zedd-e āftāb	کرم ضد آفتاب
bikini (m)	māyo-ye do tekke	مایوی دو تکه
traje (m) de baño	māyo	مایو
bañador (m)	māyo	مایو
piscina (f)	estaxr	استخر
nadar (vi)	šenā kardan	شنا کردن
ducha (f)	duš	دوش
cambiarse (vr)	lebās avaz kardan	لباس عوض کردن
toalla (f)	howle	حوله
barca (f)	qāyeq	قایق
lancha (f) motora	qāyeq-e motori	قایق موتوری
esquís (m pl) acuáticos	eski-ye ruy-ye āb	اسکی روی آب
bicicleta (f) acuática	qāyeq-e pedāli	قایق پدالی
surf (m)	mowj savāri	موج سواری
surfista (m)	mowj savār	موج سوار
equipo (m) de buceo	eskowba	اسکوبا
aletas (f pl)	bālehā-ye qavvāsi	باله های غواصی
máscara (f) de buceo	māsk	ماسک
buceador (m)	qavvās	غواص
bucear (vi)	širje raftan	شیرجه رفتن
bajo el agua (adv)	zir-e ābi	زیر آبی
sombrilla (f)	čatr	چتر
tumbona (f)	sandali-ye rāhati	صندلی راحتی
gafas (f pl) de sol	eynak āftābi	عینک آفتابی
colchoneta (f) inflable	tošak-e ābi	تشک آبی
jugar (divertirse)	bāzi kardan	بازی کردن
bañarse (vr)	ābtani kardan	آبتنی کردن
pelota (f) de playa	tup	توپ
inflar (vt)	bād kardan	باد کردن
inflable (colchoneta ~)	bādi	بادی
ola (f)	mowj	موج
boya (f)	šenāvar	شناور
ahogarse (vr)	qarq šodan	غرق شدن
salvar (vt)	najāt dādan	نجات دادن
chaleco (m) salvavidas	jeliqe-ye najāt	جلیقهٔ نجات
observar (vt)	mošāhede kardan	مشاهده کردن
socorrista (m)	nejāt-e dahande	نجات دهنده

EL EQUIPO TÉCNICO. EL TRANSPORTE

El equipo técnico

139. El computador

ordenador (m)	kāmpiyuter	کامپیوتر
ordenador (m) portátil	lap tāp	لپ تاپ
encender (vt)	rowšan kardan	روشن کردن
apagar (vt)	xāmuš kardan	خاموش کردن
teclado (m)	sahfe kelid	صفحه کلید
tecla (f)	kelid	کلید
ratón (m)	māows	ماوس
alfombrilla (f) para ratón	māows pad	ماوس پد
botón (m)	dokme	دکمه
cursor (m)	makān namā	مکان نما
monitor (m)	monitor	مونیتور
pantalla (f)	safhe	صفحه
disco (m) duro	hārd disk	هارد دیسک
volumen (m) de disco duro	hajm-e hard	حجم هارد
memoria (f)	hāfeze	حافظه
memoria (f) operativa	hāfeze-ye ram	حافظه رم
archivo, fichero (m)	parvande	پرونده
carpeta (f)	puše	پوشه
abrir (vt)	bāz kardan	باز کردن
cerrar (vt)	bastan	بستن
guardar (un archivo)	zaxire kardan	ذخیره کردن
borrar (vt)	hazf kardan	حذف کردن
copiar (vt)	kopi kardan	کپی کردن
ordenar (vt) (~ de A a Z, etc.)	tabaqe bandi kardan	طبقه بندی کردن
transferir (vt)	kopi kardan	کپی کردن
programa (m)	barnāme	برنامه
software (m)	narm afzār	نرم افزار
programador (m)	barnāme-ye nevis	برنامه نویس
programar (vt)	barnāme-nevisi kardan	برنامه نویسی کردن
hacker (m)	haker	هکر
contraseña (f)	kalame-ye obur	کلمه عبور
virus (m)	virus	ویروس
detectar (vt)	peydā kardan	پیدا کردن
octeto, byte (m)	bāyt	بایت

megaocteto (m)	megābāyt	مگابایت
datos (m pl)	dāde-hā	داده ها
base (f) de datos	pāygāh dāde-hā	پایگاه داده ها
cable (m)	kābl	کابل
desconectar (vt)	jodā kardan	جدا کردن
conectar (vt)	vasl kardan	وصل کردن

140. El internet. El correo electrónico

internet (m), red (f)	internet	اینترنت
navegador (m)	morurgar	مرورگر
buscador (m)	motor-e jostoju	موتور جستجو
proveedor (m)	erāe-ye dehande	ارائه دهنده
webmaster (m)	tarrāh-e vebsāyt	طراح وب سایت
sitio (m) web	veb-sāyt	وب سایت
página (f) web	safhe-ye veb	صفحه وب
dirección (f)	nešāni	نشانی
libro (m) de direcciones	daftarče-ye nešāni	دفترچه نشانی
buzón (m)	sanduq-e post	صندوق پست
correo (m)	post	پست
lleno (adj)	por	پر
mensaje (m)	payām	پیام
correo (m) entrante	payāmhā-ye vorudi	پیامهای ورودی
correo (m) saliente	payāmhā-ye xoruji	پیامهای خروجی
expedidor (m)	ferestande	فرستنده
enviar (vt)	ferestādan	فرستادن
envío (m)	ersāl	ارسال
destinatario (m)	girande	گیرنده
recibir (vt)	gereftan	گرفتن
correspondencia (f)	mokātebe	مکاتبه
escribirse con ...	mokātebe kardan	مکاتبه کردن
archivo, fichero (m)	parvande	پرونده
descargar (vt)	dānlod kardan	دانلود کردن
crear (vt)	ijād kardan	ایجاد کردن
borrar (vt)	hazf kardan	حذف کردن
borrado (adj)	hazf šode	حذف شده
conexión (f) (ADSL, etc.)	ertebāt	ارتباط
velocidad (f)	sor'at	سرعت
módem (m)	modem	مودم
acceso (m)	dastyābi	دستیابی
puerto (m)	dargāh	درگاه
conexión (f) (establecer la ~)	ertebāt	ارتباط
conectarse a ...	vasl šodan	وصل شدن

| seleccionar (vt) | entexāb kardan | انتخاب کردن |
| buscar (vt) | jostoju kardan | جستجو کردن |

El transporte

avión (m)	havāpeymā	هواپیما
billete (m) de avión	belit-e havāpeymā	بلیط هواپیما
compañía (f) aérea	šerkat-e havāpeymāyi	شرکت هواپیمایی
aeropuerto (m)	forudgāh	فرودگاه
supersónico (adj)	māvarā sowt	ماوراء صوت
comandante (m)	kāpitān	کاپیتان
tripulación (f)	xadame	خدمه
piloto (m)	xalabān	خلبان
azafata (f)	mehmāndār-e havāpeymā	مهماندار هواپیما
navegador (m)	nāvbar	ناویر
alas (f pl)	bāl-hā	بال ها
cola (f)	dam	دم
cabina (f)	kābin	کابین
motor (m)	motor	موتور
tren (m) de aterrizaje	šāssi	شاسی
turbina (f)	turbin	توربین
hélice (f)	parvāne	پروانه
caja (f) negra	ja'be-ye siyāh	جعبه سیاه
timón (m)	farmān	فرمان
combustible (m)	suxt	سوخت
instructivo (m) de seguridad	dasturol'amal	دستورالعمل
respirador (m) de oxígeno	māsk-e oksižen	ماسک اکسیژن
uniforme (m)	oniform	اونیفورم
chaleco (m) salvavidas	jeliqe-ye nejāt	جلیقة نجات
paracaídas (m)	čatr-e nejāt	چترنجات
despegue (m)	parvāz	پرواز
despegar (vi)	parvāz kardan	پرواز کردن
pista (f) de despegue	bānd-e forudgāh	باند فرودگاه
visibilidad (f)	meydān did	میدان دید
vuelo (m)	parvāz	پرواز
altura (f)	ertefā'	ارتفاع
pozo (m) de aire	čāle-ye havāyi	چاله هوایی
asiento (m)	jā	جا
auriculares (m pl)	guši	گوشی
mesita (f) plegable	sini-ye tāšow	سینی تاشو
ventana (f)	panjere	پنجره
pasillo (m)	rāhrow	راهرو

142. El tren

tren (m)	qatār	قطار
tren (m) de cercanías	qatār-e barqi	قطار برقی
tren (m) rápido	qatār-e sari'osseyr	قطارسریع السیر
locomotora (f) diésel	lokomotiv-e dizel	لوکوموتیو دیزل
tren (m) de vapor	lokomotiv-e boxar	لوکوموتیو بخار
coche (m)	vāgon	واگن
coche (m) restaurante	vāgon-e resturān	واگن رستوران
rieles (m pl)	reyl-hā	ریل ها
ferrocarril (m)	rāh āhan	راه آهن
traviesa (f)	reyl-e band	ریل بند
plataforma (f)	sakku-ye rāh-āhan	سکوی راه آهن
vía (f)	masir	مسیر
semáforo (m)	nešanar	نشانبر
estación (f)	istgāh	ایستگاه
maquinista (m)	rānande	راننده
maletero (m)	bārbar	باربر
mozo (m) del vagón	rāhnamā-ye qatār	راهنمای قطار
pasajero (m)	mosāfer	مسافر
revisor (m)	kontorol či	کنترل چی
corredor (m)	rāhrow	راهرو
freno (m) de urgencia	tormoz-e ezterāri	ترمز اضطراری
compartimiento (m)	kupe	کوپه
litera (f)	taxt-e kupe	تخت کوپه
litera (f) de arriba	taxt-e bālā	تخت بالا
litera (f) de abajo	taxt-e pāyin	تخت پایین
ropa (f) de cama	raxt-e xāb	رخت خواب
billete (m)	belit	بلیط
horario (m)	barnāme	برنامه
pantalla (f) de información	barnāme-ye zamāni	برنامه زمانی
partir (vi)	tark kardan	ترک کردن
partida (f) (del tren)	harekat	حرکت
llegar (tren)	residan	رسیدن
llegada (f)	vorud	ورود
llegar en tren	bā qatār āmadan	با قطار آمدن
tomar el tren	savār-e qatār šodan	سوار قطار شدن
bajar del tren	az qatār piyāde šodan	از قطار پیاده شدن
descarrilamiento (m)	sānehe	سانحه
descarrilarse (vr)	az xat xārej šodan	از خط خارج شدن
tren (m) de vapor	lokomotiv-e boxar	لوکوموتیو بخار
fogonero (m)	ātaškār	آتشکار
hogar (m)	ātašdān	آتشدان
carbón (m)	zoqāl sang	زغال سنگ

143. El barco

Español	Persa	
barco, buque (m)	kešti	کشتی
navío (m)	kešti	کشتی
buque (m) de vapor	kešti-ye boxāri	کشتی بخاری
motonave (f)	qāyeq-e rudxāne	قایق رودخانه
trasatlántico (m)	kešti-ye tafrihi	کشتی تفریحی
crucero (m)	razm nāv	رزم ناو
yate (m)	qāyeq-e tafrihi	قایق تفریحی
remolcador (m)	yadak keš	یدک کش
barcaza (f)	kešti-ye bārkeše yadaki	کشتی بارکش یدکی
ferry (m)	kešti-ye farābar	کشتی فرابر
velero (m)	kešti-ye bādbāni	کشتی بادبانی
bergantín (m)	košti dozdān daryā-yi	کشتی دزدان دریایی
rompehielos (m)	kešti-ye yaxšekan	کشتی یخ شکن
submarino (m)	zirdaryāyi	زیردریایی
bote (m) de remo	qāyeq	قایق
bote (m)	qāyeq-e tafrihi	قایق تفریحی
bote (m) salvavidas	qāyeq-e nejāt	قایق نجات
lancha (f) motora	qāyeq-e motori	قایق موتوری
capitán (m)	kāpitān	کاپیتان
marinero (m)	malavān	ملوان
marino (m)	malavān	ملوان
tripulación (f)	xadame	خدمه
contramaestre (m)	sar malavān	سر ملوان
grumete (m)	šāgerd-e malavān	شاگرد ملوان
cocinero (m) de abordo	āšpaz-e kešti	آشپز کشتی
médico (m) del buque	pezešk-e kešti	پزشک کشتی
cubierta (f)	arše-ye kešti	عرشۀ کشتی
mástil (m)	dakal	دکل
vela (f)	bādbān	بادبان
bodega (f)	anbār	انبار
proa (f)	sine-ye kešti	سینه کشتی
popa (f)	aqab kešti	عقب کشتی
remo (m)	pāru	پارو
hélice (f)	parvāne	پروانه
camarote (m)	otāq-e kešti	اتاق کشتی
sala (f) de oficiales	otāq-e afsarān	اتاق افسران
sala (f) de máquinas	motor xāne	موتور خانه
puente (m) de mando	pol-e farmāndehi	پل فرماندهی
sala (f) de radio	kābin-e bisim	کابین بی سیم
onda (f)	mowj	موج
cuaderno (m) de bitácora	roxdād nāme	رخداد نامه
anteojo (m)	teleskop	تلسکوپ
campana (f)	nāqus	ناقوس

bandera (f)	parčam	پرچم
cabo (m) (maroma)	tanāb	طناب
nudo (m)	gereh	گره

| pasamano (m) | narde | نرده |
| pasarela (f) | pol | پل |

ancla (f)	langar	لنگر
levar ancla	langar kešidan	لنگر کشیدن
echar ancla	langar andāxtan	لنگر انداختن
cadena (f) del ancla	zanjir-e langar	زنجیر لنگر

puerto (m)	bandar	بندر
embarcadero (m)	eskele	اسکله
amarrar (vt)	pahlu gereftan	پهلو گرفتن
desamarrar (vt)	tark kardan	ترک کردن

viaje (m)	mosāferat	مسافرت
crucero (m) (viaje)	safar-e daryāyi	سفر دریایی
derrota (f) (rumbo)	masir	مسیر
itinerario (m)	masir	مسیر

canal (m) navegable	kešti-ye ru	کشتی رو
bajío (m)	mahall-e kam omq	محل کم عمق
encallar (vi)	be gel nešastan	به گل نشستن

tempestad (f)	tufān	طوفان
señal (f)	alāmat	علامت
hundirse (vr)	qarq šodan	غرق شدن
¡Hombre al agua!	kas-i dar hāl-e qarq šodan-ast!	کسی در حال غرق شدن است!
SOS	sos	SOS
aro (m) salvavidas	kamarband-e nejāt	کمربند نجات

144. El aeropuerto

aeropuerto (m)	forudgāh	فرودگاه
avión (m)	havāpeymā	هواپیما
compañía (f) aérea	šerkat-e havāpeymāyi	شرکت هواپیمایی
controlador (m) aéreo	ma'mur-e kontorol-e terāfik-e havāyi	مأمور کنترل ترافیک هوایی

despegue (m)	azimat	عزیمت
llegada (f)	vorud	ورود
llegar (en avión)	residan	رسیدن

| hora (f) de salida | zamān-e parvāz | زمان پرواز |
| hora (f) de llegada | zamān-e vorud | زمان ورود |

| retrasarse (vr) | ta'xir kardan | تأخیر کردن |
| retraso (m) de vuelo | ta'xir-e parvāz | تأخیر پرواز |

| pantalla (f) de información | tāblo-ye ettelā'āt | تابلوی اطلاعات |
| información (f) | ettelā'āt | اطلاعات |

| anunciar (vt) | e'lām kardan | اعلام کردن |
| vuelo (m) | parvāz | پرواز |

| aduana (f) | gomrok | گمرک |
| aduanero (m) | ma'mur-e gomrok | مأمور گمرک |

declaración (f) de aduana	ežhār-nāme	اظهارنامه
rellenar (vt)	por kardan	پر کردن
rellenar la declaración	ežhār-nāme rā por kardan	اظهارنامه را پر کردن
control (m) de pasaportes	kontorol-e gozarnāme	کنترل گذرنامه

equipaje (m)	bār	بار
equipaje (m) de mano	bār-e dasti	بار دستی
carrito (m) de equipaje	čarx-e hamle bar	چرخ حمل بار

aterrizaje (m)	forud	فرود
pista (f) de aterrizaje	bānd-e forudgāh	باند فرودگاه
aterrizar (vi)	nešastan	نشستن
escaleras (f pl) (de avión)	pellekān	پلکان

facturación (f) (check-in)	ček in	چک این
mostrador (m) de facturación	bāje-ye kontorol	باجه کنترل
hacer el check-in	čekin kardan	چکاین کردن
tarjeta (f) de embarque	kārt-e parvāz	کارت پرواز
puerta (f) de embarque	gi-yat xoruj	گیت خروج

tránsito (m)	terānzit	ترانزیت
esperar (aguardar)	montazer budan	منتظر بودن
zona (f) de preembarque	tālār-e entezār	تالار انتظار
despedir (vt)	badraqe kardan	بدرقه کردن
despedirse (vr)	xodāhāfezi kardan	خداحافظی کردن

145. La bicicleta. La motocicleta

bicicleta (f)	dočarxe	دوچرخه
scooter (m)	eskuter	اسکوتر
motocicleta (f)	motorsiklet	موتورسیکلت

ir en bicicleta	bā dočarxe raftan	با دوچرخه رفتن
manillar (m)	farmān-e dočarxe	فرمان دوچرخه
pedal (m)	pedāl	پدال
frenos (m pl)	tormoz	ترمز
sillín (m)	zin	زین

| bomba (f) | pomp | پمپ |
| portaequipajes (m) | tarakband | ترکبند |

| faro (m) | čerāq-e jelo | چراغ جلو |
| casco (m) | kolāh-e imeni | کلاه ایمنی |

rueda (f)	čarx	چرخ
guardabarros (m)	golgir	گلگیر
llanta (f)	towqe	طوقه
rayo (m)	parre	پره

Los coches

146. El coche

coche (m)	otomobil	اتومبیل
coche (m) deportivo	otomobil-e varzeši	اتومبیل ورزشی
limusina (f)	limozin	لیموزین
todoterreno (m)	jip	جیپ
cabriolé (m)	kābriyole	کابریوله
microbús (m)	mini bus	مینی بوس
ambulancia (f)	āmbolāns	آمبولانس
quitanieves (m)	māšin-e barfrub	ماشین برف روب
camión (m)	kāmiyon	کامیون
camión (m) cisterna	tānker	تانکر
camioneta (f)	kāmiyon	کامیون
cabeza (f) tractora	tereyler	تریلر
remolque (m)	yadak	یدک
confortable (adj)	rāhat	راحت
de ocasión (adj)	dast-e dovvom	دست دوم

147. El coche. El taller

capó (m)	kāput	کاپوت
guardabarros (m)	golgir	گلگیر
techo (m)	saqf	سقف
parabrisas (m)	šiše-ye jelo	شیشه جلو
espejo (m) retrovisor	āyene-ye did-e aqab	آینه دید عقب
limpiador (m)	pak konande	پاک کننده
limpiaparabrisas (m)	barf pāk kon	برف پاک کن
ventana (f) lateral	šiše-ye baqal	شیشهٔ بغل
elevalunas (m)	šiše bālābar	شیشه بالابر
antena (f)	ānten	آنتن
techo (m) solar	sanrof	سانروف
parachoques (m)	separ	سپر
maletero (m)	sanduq-e aqab	صندوق عقب
baca (f) (portaequipajes)	bārband	باربند
puerta (f)	darb	درب
tirador (m) de puerta	dastgire-ye dar	دستگیرهٔ در
cerradura (f)	qofl	قفل
matrícula (f)	pelāk	پلاک
silenciador (m)	xafe kon	خفه کن

| tanque (m) de gasolina | bāk-e benzin | باک بنزین |
| tubo (m) de escape | lule-ye egzoz | لولهٔ اگزوز |

acelerador (m)	gāz	گاز
pedal (m)	pedāl	پدال
pedal (m) de acelerador	pedāl-e gāz	پدال گاز

freno (m)	tormoz	ترمز
pedal (m) de freno	pedāl-e tormoz	پدال ترمز
frenar (vi)	tormoz kardan	ترمز کردن
freno (m) de mano	tormoz-e dasti	ترمز دستی

embrague (m)	kelāč	کلاچ
pedal (m) de embrague	pedāl-e kelāč	پدال کلاچ
disco (m) de embrague	disk-e kelāč	دیسک کلاچ
amortiguador (m)	komak-e fanar	کمک فنر

rueda (f)	čarx	چرخ
rueda (f) de repuesto	zāpās	زاپاس
tapacubo (m)	qālpāq	قالپاق

ruedas (f pl) motrices	čarxhā-ye moharrek	چرخ های محرک
de tracción delantera	mehvarhā-ye jelo	محورهای جلو
de tracción trasera	mehvarhā-ye aqab	محورهای عقب
de tracción integral	tamām-e čarx	تمام چرخ

caja (f) de cambios	ja'be-ye dande	جعبه دنده
automático (adj)	otumātik	اتوماتیک
mecánico (adj)	mekāniki	مکانیکی
palanca (f) de cambios	ahrom-e ja'be dande	اهرم جعبه دنده

| faro (m) delantero | čerāq-e jelo | چراغ جلو |
| faros (m pl) | čerāq-hā | چراغ ها |

luz (f) de cruce	nur-e pāin	نور پائین
luz (f) de carretera	nur-e bālā	نور بالا
luz (f) de freno	čerāq-e tormoz	چراغ ترمز

luz (f) de posición	čerāqhā-ye pārk	چراغ های پارک
luces (f pl) de emergencia	čerāqha-ye xatar	چراغ های خطر
luces (f pl) antiniebla	čerāqhā-ye meh-e šekan	چراغ های مه شکن
intermitente (m)	čerāq-e rāhnamā	چراغ راهنما
luz (f) de marcha atrás	čerāq-e dande-ye aqab	چراغ دنده عقب

148. El coche. El compartimiento de pasajeros

habitáculo (m)	dāxel-e xodrow	داخل خودرو
de cuero (adj)	čarmi	چرمی
de felpa (adj)	maxmali	مخملی
tapizado (m)	tuduzi	تودوزی

instrumento (m)	abzār	ابزار
salpicadero (m)	safhe-ye dāšbord	صفحه داشبورد
velocímetro (m)	sor'at sanj	سرعت سنج

135

aguja (f)	aqrabe	عقربه
cuentakilómetros (m)	kilumetr-e šomār	کیلومتر شمار
indicador (m)	nešāngar	نشانگر
nivel (m)	sath	سطح
testigo (m) (~ luminoso)	lāmp	لامپ
volante (m)	farmān	فرمان
bocina (f)	buq	بوق
botón (m)	dokme	دکمه
interruptor (m)	kelid	کلید
asiento (m)	sandali	صندلی
respaldo (m)	pošti-ye sandali	پشتی صندلی
reposacabezas (m)	zir-e seri	زیر سری
cinturón (m) de seguridad	kamarband-e imeni	کمربند ایمنی
abrocharse el cinturón	kamarband rā bastan	کمربند را بستن
reglaje (m)	tanzim	تنظیم
bolsa (f) de aire (airbag)	kise-ye havā	کیسه هوا
climatizador (m)	tahviye-ye matbu'	تهویه مطبوع
radio (m)	rādiyo	رادیو
reproductor (m) de CD	paxš konande-ye si di	پخش کننده سی دی
encender (vt)	rowšan kardan	روشن کردن
antena (f)	ānten	آنتن
guantera (f)	dāšbord	داشبورد
cenicero (m)	zir-sigāri	زیرسیگاری

149. El coche. El motor

motor (m)	motor	موتور
diésel (adj)	dizel	دیزل
a gasolina (adj)	benzin	بنزین
volumen (m) del motor	hajm-e motor	حجم موتور
potencia (f)	niru	نیرو
caballo (m) de fuerza	asb-e boxār	اسب بخار
pistón (m)	pistun	پیستون
cilindro (m)	silandr	سیلندر
válvula (f)	supāp	سوپاپ
inyector (m)	anžektor	انژکتور
generador (m)	ženerātor	ژنراتور
carburador (m)	kārborātor	کاربراتور
aceite (m) de motor	rowqan-e motor	روغن موتور
radiador (m)	rādiyātor	رادیاتور
liquido (m) refrigerante	māye-'e sard konande	مایع سرد کننده
ventilador (m)	fan-e xonak konande	فن خنک کننده
estárter (m)	estārt	استارت
encendido (m)	ehterāq	احتراق
bujía (f)	šam'-e motor	شمع موتور
fusible (m)	fiyuz	فیوز

batería (f)	bātri-ye māšin	باتری ماشین
terminal (m)	pāyāne	پایانه
terminal (m) positivo	mosbat	مثبت
terminal (m) negativo	manfi	منفی
filtro (m) de aire	filter-e havā	فیلتر هوا
filtro (m) de aceite	filter-e rowqan	فیلتر روغن
filtro (m) de combustible	filter-e suxt	فیلتر سوخت

150. El coche. Accidente de tráfico. La reparación

accidente (m)	tasādof	تصادف
accidente (m) de tráfico	tasādof	تصادف
chocar contra …	barxord kardan	برخورد کردن
tener un accidente	tasādof kardan	تصادف کردن
daño (m)	āsib	آسیب
intacto (adj)	sālem	سالم
pana (f)	xarābi	خرابی
averiarse (vr)	xarāb šodan	خراب شدن
remolque (m) (cuerda)	sim-e boksel	سیم بکسل
pinchazo (m)	pančar	پنچر
desinflarse (vr)	pančar šodan	پنچر شدن
inflar (vt)	bād kardan	باد کردن
presión (f)	fešār	فشار
verificar (vt)	barresi kardan	بررسی کردن
reparación (f)	ta'mir	تعمیر
taller (m)	ta'mirgāh-e xodro	تعمیرگاه خودرو
parte (f) de repuesto	qet'e-ye yadaki	قطعه یدکی
parte (f)	qet'e	قطعه
perno (m)	pič	پیچ
tornillo (m)	pič	پیچ
tuerca (f)	mohre	مهره
arandela (f)	vāšer	واشر
rodamiento (m)	yātāqān	یاتاقان
tubo (m)	lule	لوله
junta (f)	vāšer	واشر
cable, hilo (m)	sim	سیم
gato (m)	jak	جک
llave (f) de tuerca	āčār	آچار
martillo (m)	čakoš	چکش
bomba (f)	pomp	پمپ
destornillador (m)	pič gušti	پیچ گشتی
extintor (m)	kapsul-e ātašnešāni	کپسول آتش نشانی
triángulo (m) de avería	alāmat-e ehtiyāt	علامت احتیاط
pararse, calarse (vr)	xāmuš šodan	خاموش شدن
parada (f) (del motor)	tavaqqof	توقف

estar averiado	xarāb budan	خراب بودن
recalentarse (vr)	juš āvardan	جوش آوردن
estar atascado	masdud šodan	مسدود شدن
congelarse (vr)	yax bastan	یخ بستن
reventar (vi)	tarakidan	ترکیدن
presión (f)	fešār	فشار
nivel (m)	sath	سطح
flojo (correa ~a)	za'if	ضعیف
abolladura (f)	foruraftegi	فرورفتگی
ruido (m) (en el motor)	sedā	صدا
grieta (f)	tarak	ترک
rozadura (f)	xarāš	خراش

151. El coche. El camino

camino (m)	rāh	راه
autovía (f)	bozorgrāh	بزرگراه
carretera (f)	āzād-e rāh	آزاد راه
dirección (f)	samt	سمت
distancia (f)	masāfat	مسافت
puente (m)	pol	پل
aparcamiento (m)	pārking	پارکینگ
plaza (f)	meydān	میدان
intercambiador (m)	dowr bargardān	دوربرگردان
túnel (m)	tunel	تونل
gasolinera (f)	pomp-e benzin	پمپ بنزین
aparcamiento (m)	pārking	پارکینگ
surtidor (m)	pomp-e benzin	پمپ بنزین
taller (m)	ta'mirgāh-e xodro	تعمیرگاه خودرو
cargar gasolina	benzin zadan	بنزین زدن
combustible (m)	suxt	سوخت
bidón (m) de gasolina	dabbe	دبه
asfalto (m)	āsfālt	آسفالت
señalización (f) vial	alāmat-e gozari	علامت گذاری
bordillo (m)	labe-ye jadval	لبه جدول
barrera (f) de seguridad	narde	نرده
cuneta (f)	juy	جوی
borde (m) de la carretera	kenār rāh	کنار راه
farola (f)	tir-e barq	تیر برق
conducir (vi, vt)	rāndan	راندن
girar (~ a la izquierda)	pičidan	پیچیدن
girar en U	dowr zadan	دور زدن
marcha (f) atrás	dande aqab	دنده عقب
tocar la bocina	buq zadan	بوق زدن
bocinazo (m)	buq	بوق
atascarse (vr)	gir kardan	گیر کردن
patinar (vi)	sor xordan	سر خوردن

parar (el motor)	xāmuš kardan	خاموش کردن
velocidad (f)	sor'at	سرعت
exceder la velocidad	az sor'at-e mojāz gozāštan	ازسرعت مجاز گذشتن
multar (vt)	jarime kardan	جریمه کردن
semáforo (m)	čerāq-e rāhnamā	چراغ راهنما
permiso (m) de conducir	govāhi-nāme-ye rānandegi	گواهینامهٔ رانندگی

paso (m) a nivel	taqāto'	تقاطع
cruce (m)	čahārrāh	چهارراه
paso (m) de peatones	xatt-e āber-e piyāde	خط عابرپیاده
zona (f) de peatones	mantaqe-ye āber-e piyāde	منطقهٔ عابر پیاده

LA GENTE. ACONTECIMIENTOS DE LA VIDA

152. Los días festivos. Los eventos

fiesta (f)	jašn	جشن
fiesta (f) nacional	eyd-e melli	عید ملی
día (m) de fiesta	ruz-e jašn	روز جشن
celebrar (vt)	jašn gereftan	جشن گرفتن
evento (m)	vāqe'e	واقعه
medida (f)	ruydād	رویداد
banquete (m)	ziyāfat	ضیافت
recepción (f)	ziyāfat	ضیافت
festín (m)	jašn	جشن
aniversario (m)	sālgard	سالگرد
jubileo (m)	sālgard	سالگرد
Año (m) Nuevo	sāl-e now	سال نو
¡Feliz Año Nuevo!	sāl-e now mobārak	سال نو مبارک
Papá Noel (m)	bābā noel	بابا نوئل
Navidad (f)	kerismas	کریسمس
¡Feliz Navidad!	kerismas mobārak!	کریسمس مبارک!
árbol (m) de Navidad	kāj kerismas	کاج کریسمس
fuegos (m pl) artificiales	ātaš-e bāzi	آتش بازی
boda (f)	arusi	عروسی
novio (m)	dāmād	داماد
novia (f)	arus	عروس
invitar (vt)	da'vat kardan	دعوت کردن
tarjeta (f) de invitación	da'vatnāme	دعوتنامه
invitado (m)	mehmān	مهمان
visitar (vt) (a los amigos)	be mehmāni raftan	به مهمانی رفتن
recibir a los invitados	az mehmānān esteqbāl kardan	از مهمانان استقبال کردن
regalo (m)	hedye	هدیه
regalar (vt)	hadye dādan	هدیه دادن
recibir regalos	hediye gereftan	هدیه گرفتن
ramo (m) de flores	daste-ye gol	دسته گل
felicitación (f)	tabrik	تبریک
felicitar (vt)	tabrik goftan	تبریک گفتن
tarjeta (f) de felicitación	kārt-e tabrik	کارت تبریک
enviar una tarjeta	kārt-e tabrik ferestādan	کارت تبریک فرستادن
recibir una tarjeta	kārt-e tabrik gereftan	کارت تبریک گرفتن

brindis (m)	be salāmati-ye kas-i nušidan	به سلامتی کسی نوشیدن
ofrecer (~ una copa)	pazirāyi kardan	پذیرایی کردن
champaña (f)	šāmpāyn	شامپاین

divertirse (vr)	šādi kardan	شادی کردن
diversión (f)	šādi	شادی
alegría (f) (emoción)	maserrat	مسرت

| baile (m) | raqs | رقص |
| bailar (vi, vt) | raqsidan | رقصیدن |

| vals (m) | raqs-e vāls | رقص والس |
| tango (m) | raqs tāngo | رقص تانگو |

153. Los funerales. El entierro

cementerio (m)	qabrestān	قبرستان
tumba (f)	qabr	قبر
cruz (f)	salib	صلیب
lápida (f)	sang-e qabr	سنگ قبر
verja (f)	hesār	حصار
capilla (f)	kelisā-ye kučak	کلیسای کوچک

muerte (f)	marg	مرگ
morir (vi)	mordan	مردن
difunto (m)	marhum	مرحوم
luto (m)	azā	عزا

enterrar (vt)	dafn kardan	دفن کردن
funeraria (f)	xadamat-e kafno dafn	خدمات کفن ودفن
entierro (m)	tašyi-'e jenāze	تشییع جنازه

corona (f) funeraria	tāj-e gol	تاج گل
ataúd (m)	tābut	تابوت
coche (m) fúnebre	na'š keš	نعش کش
mortaja (f)	kafan	کفن

cortejo (m) fúnebre	tašyi-'e jenāze	تشییع جنازه
urna (f) funeraria	zarf-e xākestar-e morde	ظرف خاکستر مرده
crematorio (m)	morde suz xāne	مرده سوز خانه

necrología (f)	āgahi-ye tarhim	آگهی ترحیم
llorar (vi)	gerye kardan	گریه کردن
sollozar (vi)	zār zār gerye kardan	زار زارگریه کردن

154. La guerra. Los soldados

sección (f)	daste	دسته
compañía (f)	goruhān	گروهان
regimiento (m)	hang	هنگ
ejército (m)	arteš	ارتش
división (f)	laškar	لشکر

destacamento (m)	daste	دسته
hueste (f)	laškar	لشکر
soldado (m)	sarbāz	سرباز
oficial (m)	afsar	افسر
soldado (m) raso	sarbāz	سرباز
sargento (m)	goruhbān	گروهبان
teniente (m)	sotvān	ستوان
capitán (m)	kāpitān	کاپیتان
mayor (m)	sargord	سرگرد
coronel (m)	sarhang	سرهنگ
general (m)	ženerāl	ژنرال
marino (m)	malavān	ملوان
capitán (m)	kāpitān	کاپیتان
contramaestre (m)	sar malavān	سر ملوان
artillero (m)	tupči	توپچی
paracaidista (m)	sarbāz-e čatrbāz	سرباز چترباز
piloto (m)	xalabān	خلبان
navegador (m)	nāvbar	ناور
mecánico (m)	mekānik	مکانیک
zapador (m)	mohandes estehkāmāt	مهندس استحکامات
paracaidista (m)	čatr bāz	چترباز
explorador (m)	ettelā'āti	اطلاعاتی
francotirador (m)	tak tir andāz	تک تیر انداز
patrulla (f)	gašt	گشت
patrullar (vi, vt)	gašt zadan	گشت زدن
centinela (m)	negahbān	نگهبان
guerrero (m)	jangju	جنگجو
patriota (m)	mihan parast	میهن پرست
héroe (m)	qahremān	قهرمان
heroína (f)	qahremān-e zan	قهرمان زن
traidor (m)	xāen	خائن
traicionar (vt)	xiyānat kardan	خیانت کردن
desertor (m)	farāri	فراری
desertar (vi)	farāri budan	فراری بودن
mercenario (m)	mozdur	مزدور
recluta (m)	sarbāz-e jadid	سرباز جدید
voluntario (m)	dāvtalab	داوطلب
muerto (m)	morde	مرده
herido (m)	zaxmi	زخمی
prisionero (m)	asir	اسیر

155. La guerra. El ámbito militar. Unidad 1

guerra (f)	jang	جنگ
estar en guerra	jangidan	جنگیدن

guerra (f) civil	jang-e dāxeli	جنگ داخلى
pérfidamente (adv)	xāenāne	خائنانه
declaración (f) de guerra	e'lān-e jang	اعلان جنگ
declarar (~ la guerra)	e'lān kardan	اعلان کردن
agresión (f)	tajāvoz	تجاوز
atacar (~ a un país)	hamle kardan	حمله کردن
invadir (vt)	tajāvoz kardan	تجاوز کردن
invasor (m)	tajāvozgar	تجاوزگر
conquistador (m)	fāteh	فاتح
defensa (f)	defā'	دفاع
defender (vt)	defā' kardan	دفاع کردن
defenderse (vr)	az xod defā' kardan	از خود دفاع کردن
enemigo (m)	došman	دشمن
adversario (m)	moxālef	مخالف
enemigo (adj)	došman	دشمن
estrategia (f)	rāhbord	راهبرد
táctica (f)	tāktik	تاکتیک
orden (f)	farmān	فرمان
comando (m)	dastur	دستور
ordenar (vt)	farmān dādan	فرمان دادن
misión (f)	ma'muriyat	مأموریت
secreto (adj)	mahramāne	محرمانه
batalla (f)	jang	جنگ
combate (m)	nabard	نبرد
ataque (m)	hamle	حمله
asalto (m)	yureš	یورش
tomar por asalto	yureš bordan	یورش بردن
asedio (m), sitio (m)	mohāsere	محاصره
ofensiva (f)	hamle	حمله
tomar la ofensiva	hamle kardan	حمله کردن
retirada (f)	aqab nešini	عقب نشینی
retirarse (vr)	aqab nešini kardan	عقب نشینی کردن
envolvimiento (m)	mohāsere	محاصره
cercar (vt)	mohāsere kardan	محاصره کردن
bombardeo (m)	bombārān-e havāyi	بمباران هوایی
lanzar una bomba	bomb āndaxtan	بمب انداختن
bombear (vt)	bombārān kardan	بمباران کردن
explosión (f)	enfejār	انفجار
tiro (m), disparo (m)	tirandāzi	تیراندازی
disparar (vi)	tirandāzi kardan	تیراندازی کردن
tiro (m) (de artillería)	tirandāzi	تیراندازی
apuntar a …	nešāne raftan	نشانه رفتن
encarar (apuntar)	šellik kardan	شلیک کردن

alcanzar (el objetivo)	residan	رسیدن
hundir (vt)	qarq šodan	غرق شدن
brecha (f) (~ en el casco)	surāx	سوراخ
hundirse (vr)	qarq šodan	غرق شدن
frente (m)	jebhe	جبهه
evacuación (f)	taxliye	تخلیه
evacuar (vt)	taxliye kardan	تخلیه کردن
trinchera (f)	sangar	سنگر
alambre (m) de púas	sim-e xārdār	سیم خاردار
barrera (f) (~ antitanque)	hesār	حصار
torre (f) de vigilancia	borj	برج
hospital (m)	bimārestān-e nezāmi	بیمارستان نظامی
herir (vt)	majruh kardan	مجروح کردن
herida (f)	zaxm	زخم
herido (m)	zaxmi	زخمی
recibir una herida	zaxmi šodan	زخمی شدن
grave (herida)	zaxm-e saxt	زخم سخت

156. Las armas

arma (f)	selāh	سلاح
arma (f) de fuego	aslahe-ye garm	اسلحهٔ گرم
arma (f) blanca	aslahe-ye sard	اسلحهٔ سرد
arma (f) química	taslihāt-e šimiyāyi	تسلیحات شیمیایی
nuclear (adj)	haste i	هسته ای
arma (f) nuclear	taslihāt-e hastei	تسلیحات هسته ای
bomba (f)	bomb	بمب
bomba (f) atómica	bomb-e atomi	بمب اتمی
pistola (f)	kolt	کلت
fusil (m)	tofang	تفنگ
metralleta (f)	mosalsal-e xodkār	مسلسل خودکار
ametralladora (f)	mosalsal	مسلسل
boca (f)	sar-e lule-ye tofang	سر لوله تفنگ
cañón (m) (del arma)	lule-ye tofang	لوله تفنگ
calibre (m)	kālibr	کالیبر
gatillo (m)	māše	ماشه
alza (f)	nešāne ravi	نشانه روی
cargador (m)	xešāb	خشاب
culata (f)	qondāq	قنداق
granada (f) de mano	nārenjak	نارنجک
explosivo (m)	mādde-ye monfajere	مادهٔ منفجره
bala (f)	golule	گلوله
cartucho (m)	fešang	فشنگ
carga (f)	mohemmāt	مهمات

pertrechos (m pl)	mohemmāt	مهمات
bombardero (m)	bomb-afkan	بمبافكن
avión (m) de caza	jangande	جنگنده
helicóptero (m)	helikopter	هليكوپتر
antiaéreo (m)	tup-e zedd-e havāyi	توپ ضد هوایی
tanque (m)	tānk	تانک
cañón (m) (de un tanque)	tup	توپ
artillería (f)	tupxāne	توپخانه
cañón (m) (arma)	tofang	تفنگ
dirigir (un misil, etc.)	šhellik kardan	شلیک کردن
mortero (m)	xompāre andāz	خمپاره انداز
bomba (f) de mortero	xompāre	خمپاره
obús (m)	xompāre	خمپاره
trozo (m) de obús	tarkeš	ترکش
submarino (m)	zirdaryāyi	زیردریایی
torpedo (m)	eždar	اژدر
misil (m)	mušak	موشک
cargar (pistola)	por kardan	پر کردن
tirar (vi)	tirandāzi kardan	تیراندازی کردن
apuntar a …	nešāne raftan	نشانه رفتن
bayoneta (f)	sarneyze	سرنیزه
espada (f) (duelo a ~)	šamšir	شمشیر
sable (m)	šamšir	شمشیر
lanza (f)	neyze	نیزه
arco (m)	kamān	کمان
flecha (f)	tir	تیر
mosquete (m)	tofang fetile-i	تفنگ فتیله‌ای
ballesta (f)	kamān zanburak-i	کمان زنبورکی

157. Los pueblos antiguos

primitivo (adj)	avvaliye	اولیه
prehistórico (adj)	piš az tārix	پیش از تاریخ
antiguo (adj)	qadimi	قدیمی
Edad (f) de Piedra	asr-e hajar	عصر حجر
Edad (f) de Bronce	asr-e mafraq	عصر مفرغ
Edad (f) de Hielo	dowre-ye yaxbandān	دورهٔ یخبندان
tribu (f)	qabile	قبیله
caníbal (m)	ādam xār	آدم خوار
cazador (m)	šekārči	شکارچی
cazar (vi, vt)	šekār kardan	شکار کردن
mamut (m)	māmut	ماموت
caverna (f)	qār	غار
fuego (m)	ātaš	آتش
hoguera (f)	ātaš	آتش

pintura (f) rupestre	qār negāre	غار نگاره
herramienta (f), útil (m)	abzār-e kār	ابزار کار
lanza (f)	neyze	نیزه
hacha (f) de piedra	tabar-e sangi	تبر سنگی
estar en guerra	jangidan	جنگیدن
domesticar (vt)	rām kardan	رام کردن
ídolo (m)	bot	بت
adorar (vt)	parastidan	پرستیدن
superstición (f)	xorāfe	خرافه
rito (m)	marāsem	مراسم
evolución (f)	takāmol	تکامل
desarrollo (m)	pišraft	پیشرفت
desaparición (f)	enqerāz	انقراض
adaptarse (vr)	sāzgār šodan	سازگار شدن
arqueología (f)	bāstān-šenāsi	باستان شناسی
arqueólogo (m)	bāstān-šenās	باستان شناس
arqueológico (adj)	bāstān-šenāsi	باستان شناسی
sitio (m) de excavación	mahall-e haffārihā	محل حفاری ها
excavaciones (f pl)	haffāri-hā	حفاری ها
hallazgo (m)	yāfteh	یافته
fragmento (m)	qet'e	قطعه

158. La Edad Media

pueblo (m)	mellat	ملت
pueblos (m pl)	mellat-hā	ملت ها
tribu (f)	qabile	قبیله
tribus (f pl)	qabāyel	قبایل
bárbaros (m pl)	barbar-hā	بربر ها
galos (m pl)	gul-hā	گول ها
godos (m pl)	gat-hā	گت ها
eslavos (m pl)	eslāv-hā	اسلاو ها
vikingos (m pl)	vāyking-hā	وایکینگ ها
romanos (m pl)	rumi-hā	رومی ها
romano (adj)	rumi	رومی
bizantinos (m pl)	bizānsi-hā	بیزانسی ها
Bizancio (m)	bizāns	بیزانس
bizantino (adj)	bizānsi	بیزانسی
emperador (m)	emperātur	امپراطور
jefe (m)	rahbar	رهبر
poderoso (adj)	moqtader	مقتدر
rey (m)	šāh	شاه
gobernador (m)	hākem	حاکم
caballero (m)	šovālie	شوالیه
señor (m) feudal	feodāl	فئودال

| feudal (adj) | feodāli | فئودالی |
| vasallo (m) | ra'yat | رعیت |

duque (m)	duk	دوک
conde (m)	kont	کنت
barón (m)	bāron	بارون
obispo (m)	osqof	اسقف

armadura (f)	zereh	زره
escudo (m)	separ	سپر
espada (f) (danza de ~s)	šamšir	شمشیر
visera (f)	labe-ye kolāh	لبه کلاه
cota (f) de malla	jowšan	جوشن

| cruzada (f) | jang-e salibi | جنگ صلیبی |
| cruzado (m) | jangju-ye salibi | جنگجوی صلیبی |

territorio (m)	qalamrow	قلمرو
atacar (~ a un país)	hamle kardan	حمله کردن
conquistar (vt)	fath kardan	فتح کردن
ocupar (invadir)	ešqāl kardan	اشغال کردن

asedio (m), sitio (m)	mohāsere	محاصره
sitiado (adj)	mahsur	محصور
asediar, sitiar (vt)	mohāsere kardan	محاصره کردن

inquisición (f)	taftiš-e aqāyed	تفتیش عقاید
inquisidor (m)	mofatteš	مفتش
tortura (f)	šekanje	شکنجه
cruel (adj)	bi rahm	بی رحم
hereje (m)	molhed	ملحد
herejía (f)	ertedād	ارتداد

navegación (f) marítima	daryānavardi	دریانوردی
pirata (m)	dozd-e daryāyi	دزد دریایی
piratería (f)	dozdi-ye daryāyi	دزدی دریایی
abordaje (m)	hamle ruye arše	حمله روی عرشه
botín (m)	qanimat	غنیمت
tesoros (m pl)	ganj	گنج

descubrimiento (m)	kašf	کشف
descubrir (tierras nuevas)	kašf kardan	کشف کردن
expedición (f)	safar	سفر

mosquetero (m)	tofangdār	تفنگدار
cardenal (m)	kārdināl	کاردینال
heráldica (f)	nešān-šenāsi	نشان شناسی
heráldico (adj)	manquš	منقوش

159. El líder. El jefe. Las autoridades

rey (m)	šāh	شاه
reina (f)	maleke	ملکه
real (adj)	šāhi	شاهی

reino (m)	pādšāhi	پادشاهی
príncipe (m)	šāhzāde	شاهزاده
princesa (f)	pranses	پرنسس

presidente (m)	ra'is jomhur	رئیس جمهور
vicepresidente (m)	mo'āven-e rais-e jomhur	معاون رئیس جمهور
senador (m)	senātor	سناتور

monarca (m)	pādšāh	پادشاه
gobernador (m)	hākem	حاکم
dictador (m)	diktātor	دیکتاتور
tirano (m)	zālem	ظالم
magnate (m)	najib zāde	نجیب زاده

director (m)	modir	مدیر
jefe (m)	ra'is	رئیس
gerente (m)	modir	مدیر
amo (m)	ra'is	رئیس
dueño (m)	sāheb	صاحب

jefe (m), líder (m)	rahbar	رهبر
jefe (m) (~ de delegación)	ra'is	رئیس
autoridades (f pl)	maqāmāt	مقامات
superiores (m pl)	roasā	رؤسا

gobernador (m)	farmāndār	فرماندار
cónsul (m)	konsul	کنسول
diplomático (m)	diplomāt	دیپلمات
alcalde (m)	šahrdār	شهردار
sheriff (m)	kalāntar	کلانتر

emperador (m)	emperātur	امپراطور
zar (m)	tezār	تزار
faraón (m)	fer'own	فرعون
jan (m), kan (m)	xān	خان

160. Violar la ley. Los criminales. Unidad 1

bandido (m)	rāhzan	راهزن
crimen (m)	jenāyat	جنایت
criminal (m)	jenāyatkār	جنایتکار

ladrón (m)	dozd	دزد
robar (vt)	dozdidan	دزدیدن
robo (m) (actividad)	dozdi	دزدی
robo (m) (hurto)	serqat	سرقت

secuestrar (vt)	ādam robudan	آدم ربودن
secuestro (m)	ādam robāyi	آدم ربایی
secuestrador (m)	ādam robā	آدم ربا

rescate (m)	bāj	باج
exigir un rescate	bāj xāstan	باج خواستن
robar (vt)	serqat kardan	سرقت کردن

| robo (m) | serqat | سرقت |
| atracador (m) | qāratgar | غارتگر |

extorsionar (vt)	axxāzi kardan	اخاذی کردن
extorsionista (m)	axxāz	اخاذ
extorsión (f)	axxāzi	اخاذی

matar, asesinar (vt)	koštan	کشتن
asesinato (m)	qatl	قتل
asesino (m)	qātel	قاتل

tiro (m), disparo (m)	tirandāzi	تیراندازی
disparar (vi)	tirandāzi kardan	تیراندازی کردن
matar (a tiros)	bā tir zadan	با تیر زدن
tirar (vi)	tirandāzi kardan	تیراندازی کردن
tiroteo (m)	tirandāzi	تیراندازی

incidente (m)	vāqe'e	واقعه
pelea (f)	zad-o xord	زد و خورد
¡Socorro!	komak!	کمک!
víctima (f)	qorbāni	قربانی

| perjudicar (vt) | xesārat resāndan | خسارت رساندن |
| daño (m) | xesārat | خسارت |

| cadáver (m) | jasad | جسد |
| grave (un delito ~) | vaxim | وخیم |

atacar (vt)	hamle kardan	حمله کردن
pegar (golpear)	zadan	زدن
apporear (vt)	kotak zadan	کتک زدن
quitar (robar)	bezur gereftan	به زور گرفتن
acuchillar (vt)	čāqu zadan	چاقو زدن

| mutilar (vt) | ma'yub kardan | معیوب کردن |
| herir (vt) | majruh kardan | مجروح کردن |

chantaje (m)	šāntāž	شانتاژ
hacer chantaje	axxāzi kardan	اخاذی کردن
chantajista (m)	axxāz	اخاذ

| extorsión (f) | axxāzi | اخاذی |
| extorsionador (m) | axxāz | اخاذ |

| gángster (m) | gāngester | گانگستر |
| mafia (f) | māfiyā | مافیا |

| carterista (m) | jib bor | جیب بر |
| ladrón (m) de viviendas | sāreq | سارق |

| contrabandismo (m) | qāčāq | قاچاق |
| contrabandista (m) | qāčāqči | قاچاقچی |

falsificación (f)	qollābi	قلابی
falsificar (vt)	ja'l kardan	جعل کردن
falso (falsificado)	ja'li	جعلی

161. Violar la ley. Los criminales. Unidad 2

violación (f)	tajāvoz be nāmus	تجاوز به ناموس
violar (vt)	tajāvoz kardan	تجاوز کردن
violador (m)	zenā konande	زنا کننده
maniaco (m)	majnun	مجنون
prostituta (f)	fāheše	فاحشه
prostitución (f)	fāhešegi	فاحشگی
chulo (m), proxeneta (m)	jākeš	جاکش
drogadicto (m)	mo'tād	معتاد
narcotraficante (m)	forušande-ye mavādd-e moxadder	فروشندهٔ مواد مخدر
hacer explotar	monfajer kardan	منفجر کردن
explosión (f)	enfejār	انفجار
incendiar (vt)	ātaš zadan	آتش زدن
incendiario (m)	ātaš afruz	آتش افروز
terrorismo (m)	terorism	تروریسم
terrorista (m)	terorist	تروریست
rehén (m)	gerowgān	گروگان
estafar (vt)	farib dādan	فریب دادن
estafa (f)	farib	فریب
estafador (m)	hoqqe bāz	حقه باز
sobornar (vt)	rešve dādan	رشوه دادن
soborno (m) (delito)	rešve	رشوه
soborno (m) (dinero, etc.)	rešve	رشوه
veneno (m)	zahr	زهر
envenenar (vt)	masmum kardan	مسموم کردن
envenenarse (vr)	masmum šodan	مسموم شدن
suicidio (m)	xod-koši	خودکشی
suicida (m, f)	xod-koši konande	خودکشی کننده
amenazar (vt)	tahdid kardan	تهدید کردن
amenaza (f)	tahdid	تهدید
atentar (vi)	su'-e qasd kardan	سوء قصد کردن
atentado (m)	su'-e qasd	سوء قصد
robar (un coche)	robudan	ربودن
secuestrar (un avión)	havāpeymā robāyi	هواپیما ربایی
venganza (f)	enteqām	انتقام
vengar (vt)	enteqām gereftan	انتقام گرفتن
torturar (vt)	šekanje dādan	شکنجه دادن
tortura (f)	šekanje	شکنجه
atormentar (vt)	aziyat kardan	اذیت کردن
pirata (m)	dozd-e daryāyi	دزد دریایی
gamberro (m)	owbāš	اوباش

armado (adj)	mosallah	مسلح
violencia (f)	xošunat	خشونت
ilegal (adj)	qeyr-e qānuni	غیر قانونی

| espionaje (m) | jāsusi | جاسوسی |
| espiar (vi, vt) | jāsusi kardan | جاسوسی کردن |

162. La policía. La ley. Unidad 1

| justicia (f) | edālat | عدالت |
| tribunal (m) | dādgāh | دادگاه |

juez (m)	qāzi	قاضی
jurados (m pl)	hey'at-e monsefe	هیئت منصفه
tribunal (m) de jurados	hey'at-e monsefe	هیئت منصفه
juzgar (vt)	mohākeme kardan	محاکمه کردن

abogado (m)	vakil	وکیل
acusado (m)	mottaham	متهم
banquillo (m) de los acusados	jāygāh-e mottaham	جایگاه متهم

| inculpación (f) | ettehām | اتهام |
| inculpado (m) | mottaham | متهم |

| sentencia (f) | hokm | حکم |
| sentenciar (vt) | mahkum kardan | محکوم کردن |

culpable (m)	moqasser	مقصر
castigar (vt)	mojāzāt kardan	مجازات کردن
castigo (m)	mojāzāt	مجازات

multa (f)	jarime	جریمه
cadena (f) perpetua	habs-e abad	حبس ابد
pena (f) de muerte	e'dām	اعدام
silla (f) eléctrica	sandali-ye barqi	صندلی برقی
horca (f)	čube-ye dār	چوبه دار

| ejecutar (vt) | e'dām kardan | اعدام کردن |
| ejecución (f) | e'dām | اعدام |

| prisión (f) | zendān | زندان |
| celda (f) | sellul-e zendān | سلول زندان |

escolta (f)	eskort	اسکورت
guardia (m) de prisiones	negahbān zendān	نگهبان زندان
prisionero (m)	zendāni	زندانی

| esposas (f pl) | dastband | دستبند |
| esposar (vt) | dastband zadan | دستبند زدن |

escape (m)	farār	فرار
escaparse (vr)	farār kardan	فرار کردن
desaparecer (vi)	nāpadid šodan	ناپدید شدن
liberar (vt)	āzād kardan	آزاد کردن

amnistía (f)	afv-e omumi	عفو عمومی
policía (f) (~ nacional)	polis	پلیس
policía (m)	polis	پلیس
comisaría (f) de policía	kalāntari	کلانتری
porra (f)	bātum	باتوم
megáfono (m)	bolandgu	بلندگو
coche (m) patrulla	mašin-e gašt	ماشین گشت
sirena (f)	āžir-e xatar	آژیر خطر
poner la sirena	āžir rā rowšan kardan	آژیررا روشن کردن
sonido (m) de sirena	sedā-ye āžir	صدای آژیر
escena (f) del delito	mahall-e jenāyat	محل جنایت
testigo (m)	šāhed	شاهد
libertad (f)	āzādi	آزادی
cómplice (m)	hamdast	همدست
escapar de …	maxfi šodan	مخفی شدن
rastro (m)	rad	رد

163. La policía. La ley. Unidad 2

búsqueda (f)	jostoju	جستجو
buscar (~ el criminal)	jostoju kardan	جستجو کردن
sospecha (f)	šok	شک
sospechoso (adj)	maškuk	مشکوک
parar (~ en la calle)	motevaghef kardan	متوقف کردن
retener (vt)	dastgir kardan	دستگیر کردن
causa (f) (~ penal)	parvande	پرونده
investigación (f)	tahqiq	تحقیق
detective (m)	kārāgāh	کارآگاه
investigador (m)	bāzpors	بازپرس
versión (f)	farziye	فرضیه
motivo (m)	angize	انگیزه
interrogatorio (m)	bāzporsi	بازپرسی
interrogar (vt)	bāzporsi kardan	بازپرسی کردن
interrogar (al testigo)	estentāq kardan	استنطاق کردن
control (m) (de vehículos, etc.)	taftiš	تفتیش
redada (f)	mohāsere	محاصره
registro (m) (~ de la casa)	taftiš	تفتیش
persecución (f)	ta'qib	تعقیب
perseguir (vt)	ta'qib kardan	تعقیب کردن
rastrear (~ al criminal)	donbāl kardan	دنبال کردن
arresto (m)	bāzdāšt	بازداشت
arrestar (vt)	bāzdāšt kardan	بازداشت کردن
capturar (vt)	dastgir kardan	دستگیر کردن
captura (f)	dastgiri	دستگیری
documento (m)	sanad	سند
prueba (f)	esbāt	اثبات
probar (vt)	esbāt kardan	اثبات کردن

huella (f) (pisada)	rad-e pā	رد پا
huellas (f pl) digitales	asar-e angošt	اثر انگشت
elemento (m) de prueba	šavāhed	شواهد

coartada (f)	ozr-e qeybat	عذر غیبت
inocente (no culpable)	bi gonāh	بی گناه
injusticia (f)	bi edālati	بی عدالتی
injusto (adj)	qeyr-e ādelāne	غیر عادلانه

criminal (adj)	jenāyi	جنایی
confiscar (vt)	mosādere kardan	مصادره کردن
narcótico (m)	mavādd-e moxadder	مواد مخدر
arma (f)	selāh	سلاح
desarmar (vt)	xal'-e selāh kardan	خلع سلاح کردن
ordenar (vt)	farmān dādan	فرمان دادن
desaparecer (vi)	nāpadid šodan	ناپدید شدن

ley (f)	qānun	قانون
legal (adj)	qānuni	قانونی
ilegal (adj)	qeyr-e qānuni	غیر قانونی

| responsabilidad (f) | mas'uliyat | مسئولیت |
| responsable (adj) | mas'ul | مسئول |

LA NATURALEZA

La tierra. Unidad 1

164. El espacio

cosmos (m)	fazā	فضا
espacial, cósmico (adj)	fazāyi	فضایی
espacio (m) cósmico	fazā-ye keyhān	فضای کیهان
mundo (m)	jahān	جهان
universo (m)	giti	گیتی
galaxia (f)	kahkešān	کهکشان
estrella (f)	setāre	ستاره
constelación (f)	surat-e falaki	صورت فلکی
planeta (m)	sayyāre	سیاره
satélite (m)	māhvāre	ماهواره
meteorito (m)	sang-e āsmāni	سنگ آسمانی
cometa (m)	setāre-ye donbāle dār	ستارۀ دنباله دار
asteroide (m)	šahāb	شهاب
órbita (f)	madār	مدار
girar (vi)	gardidan	گردیدن
atmósfera (f)	jav	جو
Sol (m)	āftāb	آفتاب
sistema (m) solar	manzume-ye šamsi	منظومه شمسی
eclipse (m) de Sol	kosuf	کسوف
Tierra (f)	zamin	زمین
Luna (f)	māh	ماه
Marte (m)	merrix	مریخ
Venus (f)	zahre	زهره
Júpiter (m)	moštari	مشتری
Saturno (m)	zohal	زحل
Mercurio (m)	atārod	عطارد
Urano (m)	orānus	اورانوس
Neptuno (m)	nepton	نپتون
Plutón (m)	poloton	پلوتون
la Vía Láctea	kahkešān rāh-e širi	کهکشان راه شیری
la Osa Mayor	dobb-e akbar	دب اکبر
la Estrella Polar	setāre-ye qotbi	ستاره قطبی
marciano (m)	merrixi	مریخی
extraterrestre (m)	farā zamini	فرا زمینی

| planetícola (m) | mowjud fazāyi | موجود فضایی |
| platillo (m) volante | bošqāb-e parande | بشقاب پرنده |

nave (f) espacial	fazā peymā	فضا پیما
estación (f) orbital	istgāh-e fazāyi	ایستگاه فضایی
despegue (m)	rāh andāzi	راه اندازی

motor (m)	motor	موتور
tobera (f)	nāzel	نازل
combustible (m)	suxt	سوخت

carlinga (f)	kābin	کابین
antena (f)	ānten	آنتن
ventana (f)	panjere	پنجره
batería (f) solar	bātri-ye xoršidi	باطری خورشیدی
escafandra (f)	lebās-e fazānavardi	لباس فضانوردی

| ingravidez (f) | bi vazni | بی وزنی |
| oxígeno (m) | oksižen | اکسیژن |

| atraque (m) | vasl | وصل |
| realizar el atraque | vasl kardan | وصل کردن |

observatorio (m)	rasadxāne	رصدخانه
telescopio (m)	teleskop	تلسکوپ
observar (vt)	mošāhede kardan	مشاهده کردن
explorar (~ el universo)	kašf kardan	کشف کردن

165. La tierra

Tierra (f)	zamin	زمین
globo (m) terrestre	kare-ye zamin	کرۀ زمین
planeta (m)	sayyāre	سیاره

atmósfera (f)	jav	جو
geografía (f)	joqrāfiyā	جغرافیا
naturaleza (f)	tabi'at	طبیعت

globo (m) terráqueo	kare-ye joqrāfiyāyi	کرۀ جغرافیایی
mapa (m)	naqše	نقشه
atlas (m)	atlas	اطلس

| Europa (f) | orupā | اروپا |
| Asia (f) | āsiyā | آسیا |

| África (f) | āfriqā | آفریقا |
| Australia (f) | ostorāliyā | استرالیا |

América (f)	emrikā	امریکا
América (f) del Norte	emrikā-ye šomāli	امریکای شمالی
América (f) del Sur	emrikā-ye jonubi	امریکای جنوبی

| Antártida (f) | qotb-e jonub | قطب جنوب |
| Ártico (m) | qotb-e šomāl | قطب شمال |

166. Los puntos cardinales

norte (m)	šomāl	شمال
al norte	be šomāl	به شمال
en el norte	dar šomāl	در شمال
del norte (adj)	šomāli	شمالی
sur (m)	jonub	جنوب
al sur	be jonub	به جنوب
en el sur	dar jonub	در جنوب
del sur (adj)	jonubi	جنوبی
oeste (m)	qarb	غرب
al oeste	be qarb	به غرب
en el oeste	dar qarb	در غرب
del oeste (adj)	qarbi	غربی
este (m)	šarq	شرق
al este	be šarq	به شرق
en el este	dar šarq	در شرق
del este (adj)	šarqi	شرقی

167. El mar. El océano

mar (m)	daryā	دریا
océano (m)	oqyānus	اقیانوس
golfo (m)	xalij	خلیج
estrecho (m)	tange	تنگه
tierra (f) firme	zamin	زمین
continente (m)	qāre	قاره
isla (f)	jazire	جزیره
península (f)	šeb-e jazire	شبه جزیره
archipiélago (m)	majma'-ol-jazāyer	مجمع‌الجزایر
bahía (f)	xalij-e kučak	خلیج کوچک
ensenada, bahía (f)	langargāh	لنگرگاه
laguna (f)	mordāb	مرداب
cabo (m)	damāqe	دماغه
atolón (m)	jazire-ye marjāni	جزیره مرجانی
arrecife (m)	tappe-ye daryāyi	تپه دریایی
coral (m)	marjān	مرجان
arrecife (m) de coral	tappe-ye marjāni	تپه مرجانی
profundo (adj)	amiq	عمیق
profundidad (f)	omq	عمق
abismo (m)	partgāh	پرتگاه
fosa (f) oceánica	derāz godāl	درازگودال
corriente (f)	jaryān	جریان
bañar (rodear)	ehāte kardan	احاطه کردن

| orilla (f) | sāhel | ساحل |
| costa (f) | sāhel | ساحل |

flujo (m)	mod	مد
reflujo (m)	jazr	جزر
banco (m) de arena	sāhel-e šeni	ساحل شنی
fondo (m)	qa'r	قعر

ola (f)	mowj	موج
cresta (f) de la ola	nok	نوک
espuma (f)	kaf	کف

tempestad (f)	tufān-e daryāyi	طوفان دریایی
huracán (m)	tufān	طوفان
tsunami (m)	sonāmi	سونامی
bonanza (f)	sokun-e daryā	سکین دریا
calmo, tranquilo	ārām	آرام

| polo (m) | qotb | قطب |
| polar (adj) | qotbi | قطبی |

latitud (f)	arz-e joqrāfiyāyi	عرض جغرافیایی
longitud (f)	tul-e joqrāfiyāyi	طول جغرافیایی
paralelo (m)	movāzi	موازی
ecuador (m)	xatt-e ostavā	خط استوا

cielo (m)	āsemān	آسمان
horizonte (m)	ofoq	افق
aire (m)	havā	هوا

faro (m)	fānus-e daryāyi	فانوس دریایی
bucear (vi)	širje raftan	شیرجه رفتن
hundirse (vr)	qarq šodan	غرق شدن
tesoros (m pl)	ganj	گنج

168. Las montañas

montaña (f)	kuh	کوه
cadena (f) de montañas	rešte-ye kuh	رشته کوه
cresta (f) de montañas	selsele-ye jebāl	سلسله جبال

cima (f)	qolle	قله
pico (m)	qolle	قله
pie (m)	dāmane-ye kuh	دامنهٔ کوه
cuesta (f)	šib	شیب

volcán (m)	ātaš-fešān	آتشفشان
volcán (m) activo	ātaš-fešān-e fa'āl	آتش فشان فعال
volcán (m) apagado	ātaš-fešān-e xāmuš	آتش فشان خاموش

erupción (f)	favarān	فوران
cráter (m)	dahāne-ye ātašfešān	دهانهٔ آتش فشان
magma (m)	māgmā	ماگما
lava (f)	godāze	گدازه

fundido (lava ~a)	godāxte	گداخته
cañón (m)	tange	تنگ
desfiladero (m)	darre-ye tang	دره تنگ
grieta (f)	tange	تنگه
precipicio (m)	partgāh	پرتگاه
puerto (m) (paso)	gozargāh	گذرگاه
meseta (f)	falāt	فلات
roca (f)	saxre	صخره
colina (f)	tappe	تپه
glaciar (m)	yaxčāl	يخچال
cascada (f)	ābšār	آبشار
geiser (m)	češme-ye āb-e garm	چشمۀ آب گرم
lago (m)	daryāče	درياچه
llanura (f)	jolge	جلگه
paisaje (m)	manzare	منظره
eco (m)	en'ekās-e sowt	انعكاس صوت
alpinista (m)	kuhnavard	كوهنورد
escalador (m)	saxre-ye navard	صخره نورد
conquistar (vt)	fath kardan	فتح كردن
ascensión (f)	so'ud	صعود

169. Los ríos

río (m)	rudxāne	رودخانه
manantial (m)	češme	چشمه
lecho (m) (curso de agua)	bastar	بستر
cuenca (f) fluvial	howze	حوضه
desembocar en ...	rixtan	ريختن
afluente (m)	enše'āb	انشعاب
ribera (f)	sāhel	ساحل
corriente (f)	jaryān	جريان
río abajo (adv)	be samt-e pāin-e rudxāne	به سمت پائين رودخانه
río arriba (adv)	be samt-e bālā-ye rudxāne	به سمت بالای رودخانه
inundación (f)	seyl	سيل
riada (f)	toqyān	طغيان
desbordarse (vr)	toqyān kardan	طغيان كردن
inundar (vt)	toqyān kardan	طغيان كردن
bajo (m) arenoso	tangāb	تنگاب
rápido (m)	tondāb	تندآب
presa (f)	sad	سد
canal (m)	kānāl	كانال
lago (m) artificiale	maxzan-e āb	مخزن آب
esclusa (f)	ābgir	آبگير
cuerpo (m) de agua	maxzan-e āb	مخزن آب
pantano (m)	bātlāq	باتلاق

ciénaga (f)	lajan zār	لجن زار
remolino (m)	gerdāb	گرداب
arroyo (m)	ravad	رود
potable (adj)	āšāmidani	آشامیدنی
dulce (agua ~)	širin	شیرین
hielo (m)	yax	یخ
helarse (el lago, etc.)	yax bastan	یخ بستن

170. El bosque

bosque (m)	jangal	جنگل
de bosque (adj)	jangali	جنگلی
espesura (f)	jangal-e anbuh	جنگل انبوه
bosquecillo (m)	biše	بیشه
claro (m)	marqzār	مرغزار
maleza (f)	biše-hā	بیشه ها
matorral (m)	bute zār	بوته زار
senda (f)	kure-ye rāh	کوره راه
barranco (m)	darre	دره
árbol (m)	deraxt	درخت
hoja (f)	barg	برگ
follaje (m)	šāx-o barg	شاخ و برگ
caída (f) de hojas	barg rizi	برگ ریزی
caer (las hojas)	rixtan	ریختن
cima (f)	nok	نوک
rama (f)	šāxe	شاخه
rama (f) (gruesa)	šāxe	شاخه
brote (m)	šokufe	شکوفه
aguja (f)	suzan	سوزن
piña (f)	maxrut-e kāj	مخروط کاج
agujero (m)	surāx	سوراخ
nido (m)	lāne	لانه
tronco (m)	tane	تنه
raíz (f)	riše	ریشه
corteza (f)	pust	پوست
musgo (m)	xaze	خزه
extirpar (vt)	rišekan kardan	ریشه کن کردن
talar (vt)	boridan	بریدن
deforestar (vt)	boridan	بریدن
tocón (m)	kande-ye deraxt	کندۀ درخت
hoguera (f)	ātaš	آتش
incendio (m) forestal	ātaš suzi	آتش سوزی

apagar (~ el incendio)	xāmuš kardan	خاموش کردن
guarda (m) forestal	jangal bān	جنگل بان
protección (f)	mohāfezat	محافظت
proteger (vt)	mohāfezat kardan	محافظت کردن
cazador (m) furtivo	šekārči-ye qeyr-e qānuni	شکارچی غیر قانونی
cepo (m)	tale	تله
recoger (setas, bayas)	čidan	چیدن
perderse (vr)	gom šodan	گم شدن

171. Los recursos naturales

recursos (m pl) naturales	manābe-'e tabii	منابع طبیعی
recursos (m pl) subterráneos	mavādd-e ma'dani	مواد معدنی
depósitos (m pl)	tah nešast	ته نشست
yacimiento (m)	meydān	میدان
extraer (vt)	estexrāj kardan	استخراج کردن
extracción (f)	estexrāj	استخراج
mena (f)	sang-e ma'dani	سنگ معدنی
mina (f)	ma'dan	معدن
pozo (m) de mina	ma'dan	معدن
minero (m)	ma'danči	معدنچی
gas (m)	gāz	گاز
gasoducto (m)	lule-ye gāz	لولۀ گاز
petróleo (m)	naft	نفت
oleoducto (m)	lule-ye naft	لولۀ نفت
pozo (m) de petróleo	čāh-e naft	چاه نفت
torre (f) de sondeo	dakal-e haffāri	دکل حفاری
petrolero (m)	tānker	تانکر
arena (f)	šen	شن
caliza (f)	sang-e āhak	سنگ آهک
grava (f)	sangrize	سنگریزه
turba (f)	turb	تورب
arcilla (f)	xāk-e ros	خاک رس
carbón (m)	zoqāl sang	زغال سنگ
hierro (m)	āhan	آهن
oro (m)	talā	طلا
plata (f)	noqre	نقره
níquel (m)	nikel	نیکل
cobre (m)	mes	مس
zinc (m)	ruy	روی
manganeso (m)	mangenez	منگنز
mercurio (m)	jive	جیوه
plomo (m)	sorb	سرب
mineral (m)	mādde-ye ma'dani	مادۀ معدنی
cristal (m)	bolur	بلور
mármol (m)	marmar	مرمر
uranio (m)	orāniyom	اورانیوم

La tierra. Unidad 2

172. El tiempo

tiempo (m)	havā	هوا
previsión (f) del tiempo	piš bini havā	پیش بینی هوا
temperatura (f)	damā	دما
termómetro (m)	damāsanj	دماسنج
barómetro (m)	havāsanj	هواسنج
húmedo (adj)	martub	مرطوب
humedad (f)	rotubat	رطوبت
bochorno (m)	garmā	گرما
tórrido (adj)	dāq	داغ
hace mucho calor	havā xeyli garm ast	هوا خیلی گرم است
hace calor (templado)	havā garm ast	هوا گرم است
templado (adj)	garm	گرم
hace frío	sard ast	سرد است
frío (adj)	sard	سرد
sol (m)	āftāb	آفتاب
brillar (vi)	tābidan	تابیدن
soleado (un día ~)	āftābi	آفتابی
elevarse (el sol)	tolu' kardan	طلوع کردن
ponerse (vr)	qorob kardan	غروب کردن
nube (f)	abr	ابر
nuboso (adj)	abri	ابری
nubarrón (m)	abr-e bārānzā	ابر باران زا
nublado (adj)	tire	تیره
lluvia (f)	bārān	باران
está lloviendo	bārān mibārad	باران می بارد
lluvioso (adj)	bārāni	بارانی
lloviznar (vi)	nam-nam bāridan	نم نم باریدن
aguacero (m)	bārān šodid	باران شدید
chaparrón (m)	ragbār	رگبار
fuerte (la lluvia ~)	šadid	شدید
charco (m)	čāle	چاله
mojarse (vr)	xis šodan	خیس شدن
niebla (f)	meh	مه
nebuloso (adj)	meh ālud	مه آلود
nieve (f)	barf	برف
está nevando	barf mibārad	برف می بارد

173. Los eventos climáticos severos. Los desastres naturales

tormenta (f)	tufān	طوفان
relámpago (m)	barq	برق
relampaguear (vi)	barq zadan	برق زدن
trueno (m)	ra'd	رعد
tronar (vi)	qorridan	غریدن
está tronando	ra'd mizanad	رعد می زند
granizo (m)	tagarg	تگرگ
está granizando	tagarg mibārad	تگرگ می بارد
inundar (vt)	toqyān kardan	طغیان کردن
inundación (f)	seyl	سیل
terremoto (m)	zamin-larze	زمین لرزه
sacudida (f)	tekān	تکان
epicentro (m)	kānun-e zaminlarze	کانون زمین لرزه
erupción (f)	favarān	فوران
lava (f)	godāze	گدازه
torbellino (m), tornado (m)	gerdbād	گردباد
tifón (m)	tufān	طوفان
huracán (m)	tufān	طوفان
tempestad (f)	tufān-e daryāyi	طوفان دریایی
tsunami (m)	sonāmi	سونامی
ciclón (m)	gerdbād	گردباد
mal tiempo (m)	havā-ye bad	هوای بد
incendio (m)	ātaš suzi	آتش سوزی
catástrofe (f)	balā-ye tabi'i	بلای طبیعی
meteorito (m)	sang-e āsmāni	سنگ آسمانی
avalancha (f)	bahman	بهمن
alud (m) de nieve	bahman	بهمن
ventisca (f)	kulāk	کولاک
nevasca (f)	barf-o burān	برف و بوران

La fauna

carnívoro (m)	heyvān-e darande	حیوان درنده
tigre (m)	bebar	ببر
león (m)	šir	شیر
lobo (m)	gorg	گرگ
zorro (m)	rubāh	روباه

jaguar (m)	jagvār	جگوار
leopardo (m)	palang	پلنگ
guepardo (m)	yuzpalang	یوزپلنگ

pantera (f)	palang-e siyāh	پلنگ سیاه
puma (f)	yuzpalang	یوزپلنگ
leopardo (m) de las nieves	palang-e barfi	پلنگ برفی
lince (m)	siyāh guš	سیاه گوش

coyote (m)	gorg-e sahrāyi	گرگ صحرایی
chacal (m)	šoqāl	شغال
hiena (f)	kaftār	کفتار

animal (m)	heyvān	حیوان
bestia (f)	heyvān	حیوان

ardilla (f)	sanjāb	سنجاب
erizo (m)	xārpošt	خارپشت
liebre (f)	xarguš	خرگوش
conejo (m)	xarguš	خرگوش

tejón (m)	gurkan	گورکن
mapache (m)	rākon	راکون
hámster (m)	muš-e bozorg	موش بزرگ
marmota (f)	muš-e xormā-ye kuhi	موش خرمای کوهی

topo (m)	muš-e kur	موش کور
ratón (m)	muš	موش
rata (f)	muš-e sahrāyi	موش صحرایی
murciélago (m)	xoffāš	خفاش

armiño (m)	qāqom	قاقم
cebellina (f)	samur	سمور
marta (f)	samur	سمور
comadreja (f)	rāsu	راسو
visón (m)	tire-ye rāsu	تیره راسو

| castor (m) | sag-e ābi | سگ آبی |
| nutria (f) | samur ābi | سمور آبی |

caballo (m)	asb	اسب
alce (m)	gavazn	گوزن
ciervo (m)	āhu	آهو
camello (m)	šotor	شتر

bisonte (m)	gāvmiš	گاومیش
uro (m)	gāv miš	گاو میش
búfalo (m)	bufālo	بوفالو

cebra (f)	gurexar	گورخر
antílope (m)	boz-e kuhi	بز کوهی
corzo (m)	šukā	شوکا
gamo (m)	qazāl	غزال
gamuza (f)	boz-e kuhi	بز کوهی
jabalí (m)	gorāz	گراز

ballena (f)	nahang	نهنگ
foca (f)	fak	فک
morsa (f)	širmāhi	شیرماهی
oso (m) marino	gorbe-ye ābi	گربهٔ آبی
delfín (m)	delfin	دلفین

oso (m)	xers	خرس
oso (m) blanco	xers-e sefid	خرس سفید
panda (f)	pāndā	پاندا

mono (m)	meymun	میمون
chimpancé (m)	šampānze	شمپانزه
orangután (m)	orāngutān	اورانگوتان
gorila (m)	guril	گوریل
macaco (m)	mākāk	ماکاک
gibón (m)	gibon	گیبون

elefante (m)	fil	فیل
rinoceronte (m)	kargadan	کرگدن
jirafa (f)	zarrāfe	زرافه
hipopótamo (m)	asb-e ābi	اسب آبی

| canguro (m) | kāngoro | کانگورو |
| koala (f) | kovālā | کوالا |

mangosta (f)	xadang	خدنگ
chinchilla (f)	čin čila	چین چیلا
mofeta (f)	rāsu-ye badbu	راسوی بدبو
espín (m)	taši	تشی

176. Los animales domésticos

gata (f)	gorbe	گربه
gato (m)	gorbe-ye nar	گربهٔ نر
perro (m)	sag	سگ

caballo (m)	asb	اسب
garañón (m)	asb-e nar	اسب نر
yegua (f)	mādiyān	ماديان
vaca (f)	gāv	گاو
toro (m)	gāv-e nar	گاو نر
buey (m)	gāv-e axte	گاو اخته
oveja (f)	gusfand	گوسفند
carnero (m)	gusfand-e nar	گوسفند نر
cabra (f)	boz-e mādde	بز ماده
cabrón (m)	boz-e nar	بز نر
asno (m)	xar	خر
mulo (m)	qāter	قاطر
cerdo (m)	xuk	خوک
cerdito (m)	bače-ye xuk	بچهٔ خوک
conejo (m)	xarguš	خرگوش
gallina (f)	morq	مرغ
gallo (m)	xorus	خروس
pato (m)	ordak	اردک
ánade (m)	ordak-e nar	اردک نر
ganso (m)	qāz	غاز
pavo (m)	buqalamun-e nar	بوقلمون نر
pava (f)	buqalamun-e māde	بوقلمون ماده
animales (m pl) domésticos	heyvānāt-e ahli	حيوانات اهلی
domesticado (adj)	ahli	اهلی
domesticar (vt)	rām kardan	رام کردن
criar (vt)	parvareš dādan	پرورش دادن
granja (f)	mazrae	مزرعه
aves (f pl) de corral	morq-e xānegi	مرغ خانگی
ganado (m)	dām	دام
rebaño (m)	galle	گله
caballeriza (f)	establ	اصطبل
porqueriza (f)	āqol xuk	آغل خوک
vaquería (f)	āqol gāv	آغل گاو
conejal (m)	lanye xarguš	لانه خرگوش
gallinero (m)	morq dāni	مرغ دانی

177. Los perros. Las razas de perros

perro (m)	sag	سگ
perro (m) pastor	sag-e gele	سگ گله
pastor (m) alemán	sag-e ĵerman šeperd	سگ ژرمن شپرد
caniche (m)	pudel	پودل
teckel (m)	sag-e pākutāh	سگ پاکوتاه
bulldog (m)	buldāg	بولداگ

bóxer (m)	boksor	بوکسور
mastín (m) inglés	māstif	ماستیف
rottweiler (m)	rotveylir	روتویلیر
doberman (m)	dobermen	دوبرمن

basset hound (m)	ba's-at	باست
bobtail (m)	dam čatri	دم چتری
dálmata (m)	dālmāsi	دالماسی
cocker spaniel (m)	kākir spāniyel	کاکیر سپانییل

| terranova (m) | nyufāundland | نیوفاوندلند |
| san bernardo (m) | sant bernārd | سنت برنارد |

husky (m)	sag-e surtme	سگ سورتمه
chow chow (m)	čāu-čāu	چاو-چاو
pomerania (m)	espitz	اسپیتز
pug (m), carlino (m)	pāg	پاگ

178. Los sonidos de los animales

ladrido (m)	vāq vāq	واق واق
ladrar (vi)	vāq-vāq kardan	واق واق کردن
maullar (vi)	miyu-miyu kardan	میو میو کردن
ronronear (vi)	xor-xor kardan	خرخر کردن

mugir (vi)	mu-mu kardan	مو مو کردن
bramar (toro)	na're kešidan	نعره کشیدن
rugir (vi)	qorqor kardan	غرغر کردن

aullido (m)	zuze	زوزه
aullar (vi)	zuze kešidan	زوزه کشیدن
gañir (vi)	zuze kešidan	زوزه کشیدن

balar (vi)	ba'ba' kardan	بع بع کردن
gruñir (cerdo)	xor-xor kardan	خرخر کردن
chillar (vi)	jiq zadan	جیغ زدن

croar (vi)	qur-qur kardan	قورقور کردن
zumbar (vi)	vez-vez kardan	وزوز کردن
chirriar (vi)	jir-jir kardan	جیر جیر کردن

179. Los pájaros

pájaro (m)	parande	پرنده
paloma (f)	kabutar	کبوتر
gorrión (m)	gonješk	گنجشک
carbonero (m)	morq-e zanburxār	مرغ زنبورخوار
urraca (f)	zāqi	زاغی

cuervo (m)	kalāq-e siyāh	کلاغ سیاه
corneja (f)	kalāq	کلاغ
chova (f)	zāq	زاغ

grajo (m)	kalāq-e siyāh	کلاغ سیاه
pato (m)	ordak	اردک
ganso (m)	qāz	غاز
faisán (m)	qarqāvol	قرقاول
águila (f)	oqāb	عقاب
azor (m)	qerqi	قرقی
halcón (m)	šāhin	شاهین
buitre (m)	karkas	کرکس
cóndor (m)	karkas-e emrikāyi	کرکس امریکایی
cisne (m)	qu	قو
grulla (f)	dornā	درنا
cigüeña (f)	lak lak	لک لک
loro (m), papagayo (m)	tuti	طوطی
colibrí (m)	morq-e magas-e xār	مرغ مگس خوار
pavo (m) real	tāvus	طاووس
avestruz (m)	šotormorq	شترمرغ
garza (f)	havāsil	حواصیل
flamenco (m)	felāmingo	فلامینگو
pelícano (m)	pelikān	پلیکان
ruiseñor (m)	bolbol	بلبل
golondrina (f)	parastu	پرستو
tordo (m)	bāstarak	باسترک
zorzal (m)	torqe	طرقه
mirlo (m)	tukā-ye siyāh	توکای سیاه
vencejo (m)	bādxorak	بادخورک
alondra (f)	čakāvak	چکاوک
codorniz (f)	belderčin	بلدرچین
pájaro carpintero (m)	dārkub	دارکوب
cuco (m)	fāxte	فاخته
lechuza (f)	joqd	جغد
búho (m)	šāh buf	شاه بوف
urogallo (m)	siāh xorus	سیاه خروس
gallo lira (m)	siāh xorus-e jangali	سیاه خروس جنگلی
perdiz (f)	kabk	کبک
estornino (m)	sār	سار
canario (m)	qanāri	قناری
ortega (f)	siyāh xorus-e fandoqi	سیاه خروس فندقی
pinzón (m)	sehre-ye jangali	سهره جنگلی
camachuelo (m)	sohre sar-e siyāh	سهره سر سیاه
gaviota (f)	morq-e daryāyi	مرغ دریایی
albatros (m)	morq-e daryāyi	مرغ دریایی
pingüino (m)	pangoan	پنگوئن

180. Los pájaros. El canto y los sonidos

cantar (vi)	xāndan	خواندن
gritar, llamar (vi)	faryād kardan	فریاد کردن
cantar (el gallo)	ququli ququ kardan	قوقولی قوقو کردن
quiquiriquí (m)	ququli ququ	قوقولی قوقو
cloquear (vi)	qodqod kardan	قدقد کردن
graznar (vi)	qār-qār kardan	قارقار کردن
graznar, parpar (vi)	qāt-qāt kardan	قات قات کردن
piar (vi)	jir-jir kardan	جیر جیر کردن
gorjear (vi)	jik-jik kardan	جیک جیک کردن

181. Los peces. Los animales marinos

brema (f)	māhi-ye sim	ماهی سیم
carpa (f)	kapur	کپور
perca (f)	māhi-e luti	ماهی لوتی
siluro (m)	gorbe-ye māhi	گربه ماهی
lucio (m)	ordak māhi	اردک ماهی
salmón (m)	māhi-ye salemon	ماهی سالمون
esturión (m)	māhi-ye xāviār	ماهی خاویار
arenque (m)	māhi-ye šur	ماهی شور
salmón (m) del Atlántico	sālmon-e atlāntik	سالمون اتلانتیک
caballa (f)	māhi-ye esqumeri	ماهی اسقومری
lenguado (m)	sofre māhi	سفره ماهی
lucioperca (f)	suf	سوف
bacalao (m)	māhi-ye rowqan	ماهی روغن
atún (m)	tan māhi	تن ماهی
trucha (f)	māhi-ye qezelālā	ماهی قزل آلا
anguila (f)	mārmāhi	مارماهی
raya (f) eléctrica	partomahiye barqi	پرتوماهی برقی
morena (f)	mārmāhi	مارماهی
piraña (f)	pirānā	پیرانا
tiburón (m)	kuse-ye māhi	کوسه ماهی
delfín (m)	delfin	دلفین
ballena (f)	nahang	نهنگ
centolla (f)	xarčang	خرچنگ
medusa (f)	arus-e daryāyi	عروس دریایی
pulpo (m)	hašt pā	هشت پا
estrella (f) de mar	setāre-ye daryāyi	ستاره دریایی
erizo (m) de mar	xārpošt-e daryāyi	خاریشت دریایی
caballito (m) de mar	asb-e daryāyi	اسب دریایی
ostra (f)	sadaf-e xorāki	صدف خوراکی
camarón (m)	meygu	میگو

| bogavante (m) | xarčang-e daryāyi | خرچنگ دریایی |
| langosta (f) | xarčang-e xārdār | خرچنگ خاردار |

182. Los anfibios. Los reptiles

| serpiente (f) | mār | مار |
| venenoso (adj) | sammi | سمی |

víbora (f)	af'i	افعی
cobra (f)	kobrā	کبرا
pitón (m)	mār-e pinton	مار پیتون
boa (f)	mār-e bwa	مار بوا

culebra (f)	mār-e čaman	مار چمن
serpiente (m) de cascabel	mār-e zangi	مار زنگی
anaconda (f)	mār-e ānākondā	مار آناکوندا

lagarto (m)	susmār	سوسمار
iguana (f)	susmār-e deraxti	سوسمار درختی
varano (m)	bozmajje	بزمجه
salamandra (f)	samandar	سمندر
camaleón (m)	āftāb-parast	آفتاب پرست
escorpión (m)	aqrab	عقرب

tortuga (f)	lāk pošt	لاک پشت
rana (f)	qurbāqe	قورباغه
sapo (m)	vazaq	وزغ
cocodrilo (m)	temsāh	تمساح

183. Los insectos

insecto (m)	hašare	حشره
mariposa (f)	parvāne	پروانه
hormiga (f)	murče	مورچه
mosca (f)	magas	مگس
mosquito (m) (picadura de ~)	paše	پشه
escarabajo (m)	susk	سوسک

avispa (f)	zanbur	زنبور
abeja (f)	zanbur-e asal	زنبور عسل
abejorro (m)	xar zanbur	خرزنبور
moscardón (m)	xarmagas	خرمگس

| araña (f) | ankabut | عنکبوت |
| telaraña (f) | tār-e ankabut | تارعنکبوت |

libélula (f)	sanjāqak	سنجاقک
saltamontes (m)	malax	ملخ
mariposa (f) nocturna	bid	بید

| cucaracha (f) | susk | سوسک |
| garrapata (f) | kane | کنه |

pulga (f)	kak	کک
mosca (f) negra	paše-ye rize	پشه ریزه
langosta (f)	malax	ملخ
caracol (m)	halazun	حلزون
grillo (m)	jirjirak	جیرجیرک
luciérnaga (f)	kerm-e šab-tāb	کرم شب تاب
mariquita (f)	kafšduzak	کفشدوزک
sanjuanero (m)	susk bāldār	سوسک بالدار
sanguijuela (f)	zālu	زالو
oruga (f)	kerm-e abrišam	کرم ابریشم
lombriz (m) de tierra	kerm	کرم
larva (f)	lārv	لارو

184. Los animales. Las partes del cuerpo

pico (m)	nok	نوک
alas (f pl)	bāl-hā	بال ها
pata (f)	panje	پنجه
plumaje (m)	por-o bāl	پر و بال
pluma (f)	por	پر
penacho (m)	kākol	کاکل
branquias (f pl)	ābšoš	آبشش
huevas (f pl)	toxme mahi	تخم ماهی
larva (f)	lārv	لارو
aleta (f)	bāle-ye māhi	باله ماهی
escamas (f pl)	fals	فلس
colmillo (m)	niš	نیش
garra (f), pata (f)	panje	پنجه
hocico (m)	puze	پوزه
boca (f)	dahān	دهان
cola (f)	dam	دم
bigotes (m pl)	sebil	سبیل
casco (m) (pezuña)	sam	سم
cuerno (m)	šāx	شاخ
caparazón (m)	lāk	لاک
concha (f) (de moluscos)	sadaf	صدف
cáscara (f) (de huevo)	puste	پوسته
pelo (m) (de perro)	pašm	پشم
piel (f) (de vaca, etc.)	pust	پوست

185. Los animales. El hábitat

hábitat (m)	zistgāh	زیستگاه
migración (f)	mohājerat	مهاجرت
montaña (f)	kuh	کوه

arrecife (m)	tappe-ye daryāyi	تپه دریایی
roca (f)	saxre	صخره
bosque (m)	jangal	جنگل
jungla (f)	jangal	جنگل
sabana (f)	sāvānā	ساوانا
tundra (f)	tondrā	توندرا
estepa (f)	estep	استپ
desierto (m)	biyābān	بیابان
oasis (m)	vāhe	واحه
mar (m)	daryā	دریا
lago (m)	daryāče	دریاچه
océano (m)	oqyānus	اقیانوس
pantano (m)	bātlāq	باتلاق
de agua dulce (adj)	ab-e širin	آب شیرین
estanque (m)	tālāb	تالاب
río (m)	rudxāne	رودخانه
cubil (m)	lāne-ye xers	لانه خرس
nido (m)	lāne	لانه
agujero (m)	surāx	سوراخ
madriguera (f)	lāne	لانه
hormiguero (m)	lāne-ye murče	لانة مورچه

La flora

186. Los árboles

árbol (m)	deraxt	درخت
foliáceo (adj)	barg riz	برگ ریز
conífero (adj)	maxrutiyān	مخروطیان
de hoja perenne	hamiše sabz	همیشه سبز
manzano (m)	deraxt-e sib	درخت سیب
peral (m)	golābi	گلابی
cerezo (m)	gilās	گیلاس
guindo (m)	ālbālu	آلبالو
ciruelo (m)	ālu	آلو
abedul (m)	tus	توس
roble (m)	balut	بلوط
tilo (m)	zirfun	زیرفون
pobo (m)	senowbar-e larzān	صنوبر لرزان
arce (m)	afrā	افرا
pícea (f)	senowbar	صنوبر
pino (m)	kāj	کاج
alerce (m)	senowbar-e ārāste	صنوبر آراسته
abeto (m)	šāh deraxt	شاه درخت
cedro (m)	sedr	سدر
álamo (m)	sepidār	سپیدار
serbal (m)	zabān gonješk-e kuhi	زبان گنجشک کوهی
sauce (m)	bid	بید
aliso (m)	tuskā	توسکا
haya (f)	rāš	راش
olmo (m)	nārvan-e qermez	نارون قرمز
fresno (m)	zabān-e gonješk	زبان گنجشک
castaño (m)	šāh balut	شاه بلوط
magnolia (f)	māgnoliyā	ماگنولیا
palmera (f)	naxl	نخل
ciprés (m)	sarv	سرو
mangle (m)	karnā	کرنا
baobab (m)	bāobāb	بائوباب
eucalipto (m)	okaliptus	اوکالیپتوس
secoya (f)	sorx-e čub	سرخ چوب

187. Los arbustos

mata (f)	bute	بوته
arbusto (m)	bute zār	بوته زار

| vid (f) | angur | انگور |
| viñedo (m) | tākestān | تاکستان |

frambueso (m)	tamešk	تمشک
grosellero (m) negro	angur-e farangi-ye siyāh	انگور فرنگی سیاه
grosellero (m) rojo	angur-e farangi-ye sorx	انگور فرنگی سرخ
grosellero (m) espinoso	angur-e farangi	انگور فرنگی

acacia (f)	aqāqiyā	اقاقیا
berberís (m)	zerešk	زرشک
jazmín (m)	yāsaman	یاسمن

enebro (m)	ardaj	اردج
rosal (m)	bute-ye gol-e mohammadi	بوتهٔ گل محمدی
escaramujo (m)	nastaran	نسترن

188. Los hongos

seta (f)	qārč	قارچ
seta (f) comestible	qārč-e xorāki	قارچ خوراکی
seta (f) venenosa	qārč-e sammi	قارچ سمی
sombrerete (m)	kolāhak-e qārč	کلاهک قارچ
estipe (m)	pāye	پایه

seta calabaza (f)	qārč-e sefid	قارچ سفید
boleto (m) castaño	samāruq	سماروغ
boleto (m) áspero	qārč-e bulet	قارچ بولت
rebozuelo (m)	qārč-e zard	قارچ زرد
rúsula (f)	qārč-e tiqe-ye tord	قارچ تیغه ترد

colmenilla (f)	qārč-e morkelā	قارچ مورکلا
matamoscas (m)	qārč-e magas	قارچ مگس
oronja (f) verde	kolāhak-e marg	کلاهک مرگ

189. Las frutas. Las bayas

| fruto (m) | mive | میوه |
| frutos (m pl) | mive jāt | میوه جات |

manzana (f)	sib	سیب
pera (f)	golābi	گلابی
ciruela (f)	ālu	آلو

fresa (f)	tut-e farangi	توت فرنگی
guinda (f)	ālbālu	آلبالو
cereza (f)	gilās	گیلاس
uva (f)	angur	انگور

frambuesa (f)	tamešk	تمشک
grosella (f) negra	angur-e farangi-ye siyāh	انگور فرنگی سیاه
grosella (f) roja	angur-e farangi-ye sorx	انگور فرنگی سرخ
grosella (f) espinosa	angur-e farangi	انگور فرنگی

arándano (m) agrio	nārdānak-e vahši	ناردانک وحشی
naranja (f)	porteqāl	پرتقال
mandarina (f)	nārengi	نارنگی
piña (f)	ānānās	آناناس
banana (f)	mowz	موز
dátil (m)	xormā	خرما
limón (m)	limu	لیمو
albaricoque (m)	zardālu	زردآلو
melocotón (m)	holu	هلو
kiwi (m)	kivi	کیوی
toronja (f)	gerip forut	گریپ فوروت
baya (f)	mive-ye butei	میوۀ بوته ای
bayas (f pl)	mivehā-ye butei	میوه های بوته ای
arándano (m) rojo	tut-e farangi-ye jangali	توت فرنگی جنگلی
fresa (f) silvestre	zoqāl axte	زغال اخته
arándano (m)	zoqāl axte	زغال اخته

190. Las flores. Las plantas

flor (f)	gol	گل
ramo (m) de flores	daste-ye gol	دسته گل
rosa (f)	gol-e sorx	گل سرخ
tulipán (m)	lāle	لاله
clavel (m)	mixak	میخک
gladiolo (m)	susan-e sefid	سوسن سفید
aciano (m)	gol-e gandom	گل گندم
campanilla (f)	gol-e estekāni	گل استکانی
diente (m) de león	gol-e qāsedak	گل قاصدک
manzanilla (f)	bābune	بابونه
áloe (m)	oloviye	آلوئه
cacto (m)	kāktus	کاکتوس
ficus (m)	fikus	فیکوس
azucena (f)	susan	سوسن
geranio (m)	gol-e šam'dāni	گل شمعدانی
jacinto (m)	sonbol	سنبل
mimosa (f)	mimosā	میموسا
narciso (m)	narges	نرگس
capuchina (f)	gol-e lādan	گل لادن
orquídea (f)	orkide	ارکیده
peonía (f)	gol-e ašrafi	گل اشرفی
violeta (f)	banafše	بنفشه
trinitaria (f)	banafše-ye farangi	بنفشه فرنگی
nomeolvides (f)	gol-e farāmuš-am makon	گل فراموشم مکن
margarita (f)	gol-e morvārid	گل مروارید
amapola (f)	xašxāš	خشخاش

cáñamo (m)	šāh dāne	شاه دانه
menta (f)	na'nā'	نعناع
muguete (m)	muge	موگه
campanilla (f) de las nieves	gol-e barfi	گل برفی
ortiga (f)	gazane	گزنه
acedera (f)	toršak	ترشک
nenúfar (m)	nilufar-e abi	نیلوفر آبی
helecho (m)	saraxs	سرخس
liquen (m)	golesang	گلسنگ
invernadero (m) tropical	golxāne	گلخانه
césped (m)	čaman	چمن
macizo (m) de flores	baqče-ye gol	باغچه گل
planta (f)	giyāh	گیاه
hierba (f)	alaf	علف
hoja (f) de hierba	alaf	علف
hoja (f)	barg	برگ
pétalo (m)	golbarg	گلبرگ
tallo (m)	sāqe	ساقه
tubérculo (m)	riše	ریشه
retoño (m)	javāne	جوانه
espina (f)	xār	خار
florecer (vi)	gol kardan	گل کردن
marchitarse (vr)	pažmorde šodan	پژمرده شدن
olor (m)	bu	بو
cortar (vt)	boridan	بریدن
coger (una flor)	kandan	کندن

191. Los cereales, los granos

grano (m)	dāne	دانه
cereales (m pl) (plantas)	qallāt	غلات
espiga (f)	xuše	خوشه
trigo (m)	gandom	گلدم
centeno (m)	čāvdār	چاودار
avena (f)	jow-e sahrāyi	جو صحرایی
mijo (m)	arzan	ارزن
cebada (f)	jow	جو
maíz (m)	zorrat	ذرت
arroz (m)	berenj	برنج
alforfón (m)	gandom-e siyāh	گندم سیاه
guisante (m)	noxod	نخود
fréjol (m)	lubiyā qermez	لوبیا قرمز
soya (f)	sowyā	سویا
lenteja (f)	adas	عدس
habas (f pl)	lubiyā	لوبیا

GEOGRAFÍA REGIONAL

192. La política. El gobierno. Unidad 1

política (f)	siyāsat	سیاست
política (adj)	siyāsi	سیاسی
político (m)	siyāsatmadār	سیاستمدار

estado (m)	dowlat	دولت
ciudadano (m)	šahrvand	شهروند
ciudadanía (f)	šahrvandi	شهروندی

| escudo (m) nacional | nešān melli | نشان ملی |
| himno (m) nacional | sorud-e melli | سرود ملی |

gobierno (m)	hokumat	حکومت
jefe (m) de estado	rahbar-e dowlat	رهبر دولت
parlamento (m)	pārlemān	پارلمان
partido (m)	hezb	حزب

| capitalismo (m) | sarmāye dāri | سرمایه داری |
| capitalista (adj) | kāpitālisti | کاپیتالیستی |

| socialismo (m) | sosiyālism | سوسیالیسم |
| socialista (adj) | sosiyālisti | سوسیالیستی |

comunismo (m)	komonism	کمونیسم
comunista (adj)	komonisti	کمونیستی
comunista (m)	komonist	کمونیست

democracia (f)	demokrāsi	دموکراسی
demócrata (m)	demokrāt	دموکرات
democrático (adj)	demokrātik	دموکراتیک
Partido (m) Democrático	hezb-e demokrāt	حزب دموکرات

| liberal (m) | liberāl | لیبرال |
| liberal (adj) | liberāli | لیبرالی |

| conservador (m) | mohāfeze kār | محافظه کار |
| conservador (adj) | mohāfeze kāri | محافظه کاری |

república (f)	jomhuri	جمهوری
republicano (m)	jomhuri xāh	جمهوری خواه
Partido (m) Republicano	hezb-e jomhurixāh	حزب جمهوری خواه

elecciones (f pl)	entexābāt	انتخابات
elegir (vi)	entexāb kardan	انتخاب کردن
elector (m)	entexāb konande	انتخاب کننده
campaña (f) electoral	kampeyn-e entexābāti	کمپین انتخاباتی
votación (f)	axz-e ra'y	اخذ رأی

votar (vi)	ra'y dādan	رأی دادن
derecho (m) a voto	haqq-e ra'y	حق رأی
candidato (m)	nāmzad	نامزد
presentarse como candidato	nāmzad šodan	نامزد شدن
campaña (f)	kampeyn	کمپین
de oposición (adj)	moxālef	مخالف
oposición (f)	opozisyon	اپوزیسیون
visita (f)	vizit	ویزیت
visita (f) oficial	vizit-e rasmi	ویزیت رسمی
internacional (adj)	beynolmelali	بین المللی
negociaciones (f pl)	mozākerāt	مذاکرات
negociar (vi)	mozākere kardan	مذاکره کردن

193. La política. El gobierno. Unidad 2

sociedad (f)	jam'iyat	جمعیت
constitución (f)	qānun-e asāsi	قانون اساسی
poder (m)	hākemiyat	حاکمیت
corrupción (f)	fesād	فساد
ley (f)	qānun	قانون
legal (adj)	qānuni	قانونی
justicia (f)	edālat	عدالت
justo (adj)	ādel	عادل
comité (m)	komite	کمیته
proyecto (m) de ley	lāyehe-ye qānun	لایحهٔ قانون
presupuesto (m)	budje	بودجه
política (f)	siyāsat	سیاست
reforma (f)	eslāhāt	اصلاحات
radical (adj)	efrāti	افراطی
potencia (f) (~ militar, etc.)	niru	نیرو
poderoso (adj)	moqtader	مقتدر
partidario (m)	tarafdār	طرفدار
influencia (f)	ta'sir	تأثیر
régimen (m)	nezām	نظام
conflicto (m)	dargiri	درگیری
complot (m)	towtee	توطئه
provocación (f)	tahrik	تحریک
derrocar (al régimen)	sarnegun kardan	سرنگون کردن
derrocamiento (m)	sarneguni	سرنگونی
revolución (f)	enqelāb	انقلاب
golpe (m) de estado	kudetā	کودتا
golpe (m) militar	kudetā-ye nezāmi	کودتای نظامی
crisis (f)	bohrān	بحران

recesión (f) económica	rokud-e eqtesādi	رکود اقتصادی
manifestante (m)	tazāhorāt konande	تظاهرات کننده
manifestación (f)	tazāhorāt	تظاهرات
ley (f) marcial	hālat-e nezāmi	حالت نظامی
base (f) militar	pāygāh-e nezāmi	پایگاه نظامی
estabilidad (f)	sobāt	ثبات
estable (adj)	bāsobāt	باثبات
explotación (f)	bahre bardār-i	بهره برداری
explotar (vt)	bahre bardār-i kardan	بهره برداری کردن
racismo (m)	nežādparasti	نژادپرستی
racista (m)	nežādparast	نژادپرست
fascismo (m)	fāšizm	فاشیزم
fascista (m)	fāšist	فاشیست

194. Los países. Miscelánea

extranjero (m)	xāreji	خارجی
extranjero (adj)	xāreji	خارجی
en el extranjero	dar xārej	در خارج
emigrante (m)	mohājer	مهاجر
emigración (f)	mohājerat	مهاجرت
emigrar (vi)	mohājerat kardan	مهاجرت کردن
Oeste (m)	qarb	غرب
Oriente (m)	xāvar	خاور
Extremo Oriente (m)	xāvar-e-dur	خاوردور
civilización (f)	tamaddon	تمدن
humanidad (f)	ensāniyat	انسانیت
mundo (m)	jahān	جهان
paz (f)	solh	صلح
mundial (adj)	jahāni	جهانی
patria (f)	vatan	وطن
pueblo (m)	mellat	ملت
población (f)	mardom	مردم
gente (f)	afrād	افراد
nación (f)	mellat	ملت
generación (f)	nasl	نسل
territorio (m)	qalamrow	قلمرو
región (f)	mantaqe	منطقه
estado (m) (parte de un país)	eyālat	ایالت
tradición (f)	sonnat	سنت
costumbre (f)	ādat	عادت
ecología (f)	mohit-e zist	محیط زیست
indio (m)	hendi	هندی
gitano (m)	mard-e kowli	مرد کولی

gitana (f)	zan-e kowli	زن کولی
gitano (adj)	kowli	کولی
imperio (m)	emperāturi	امپراطوری
colonia (f)	mosta'mere	مستعمره
esclavitud (f)	bardegi	بردگی
invasión (f)	tahājom	تهاجم
hambruna (f)	gorosnegi	گرسنگی

195. Grupos religiosos principales. Las confesiones

religión (f)	din	دین
religioso (adj)	dini	دینی
creencia (f)	e'teqād	اعتقاد
creer (en Dios)	e'teqād dāštan	اعتقاد داشتن
creyente (m)	mo'men	مؤمن
ateísmo (m)	bi dini	بی دینی
ateo (m)	molhed	ملحد
cristianismo (m)	masihiyat	مسیحیت
cristiano (m)	masihi	مسیحی
cristiano (adj)	masihi	مسیحی
catolicismo (m)	mazhab-e kātolik	مذهب کاتولیک
católico (m)	kātolik	کاتولیک
católico (adj)	kātolik	کاتولیک
protestantismo (m)	āin-e porotestān	آئین پروتستان
Iglesia (f) protestante	kelisā-ye porotestān	کلیسای پروتستان
protestante (m)	porotestān	پروتستان
ortodoxia (f)	mazhab-e ortodoks	مذهب ارتدوکس
Iglesia (f) ortodoxa	kelisā-ye ortodoks	کلیسای ارتدوکس
ortodoxo (m)	ortodoks	ارتدوکس
presbiterianismo (m)	persbiterinism	پرسبیترینیسم
Iglesia (f) presbiteriana	kelisā-ye persbiteri	کلیسای پرسبیتری
presbiteriano (m)	persbiteri	پرسبیتری
Iglesia (f) luterana	kelisā-ye lutrān	کلیسای لوتران
luterano (m)	lutrān	لوتران
Iglesia (f) bautista	kelisā-ye baptist	کلیسای باپتیست
bautista (m)	baptist	باپتیست
Iglesia (f) anglicana	kelisā-ye anglikān	کلیسای انگلیکان
anglicano (m)	anglikān	انگلیکان
mormonismo (m)	ferqe-ye mormon	فرقه مورمون
mormón (m)	mormon	مورمون
judaísmo (m)	yahudiyat	یهودیت
judío (m)	yahudi	یهودی

budismo (m)	budism	بودیسم
budista (m)	budāyi	بودایی
hinduismo (m)	hendi	هندی
hinduista (m)	hendu	هندو
Islam (m)	eslām	اسلام
musulmán (m)	mosalmān	مسلمان
musulmán (adj)	mosalmāni	مسلمانی
chiísmo (m)	šiʿe	شیعه
chiita (m)	šiʿe	شیعه
sunismo (m)	senni	سنی
suní (m, f)	senni	سنی

196. Las religiones. Los sacerdotes

sacerdote (m)	kešiš	کشیش
Papa (m)	pāp	پاپ
monje (m)	rāheb	راهب
monja (f)	rāhebe	راهبه
pastor (m)	pišvā-ye ruhān-i	پیشوای روحانی
abad (m)	rāheb-e bozorg	راهب بزرگ
vicario (m)	keš-yaš baxš	کشیش بخش
obispo (m)	osqof	اسقف
cardenal (m)	kārdināl	کاردینال
predicador (m)	vāʿez	واعظ
prédica (f)	moʿeze	موعظه
parroquianos (pl)	kešiš tabār	کشیش تبار
creyente (m)	moʿmen	مؤمن
ateo (m)	molhed	ملحد

197. La fe. El cristianismo. El islamismo

Adán	ādam	آدم
Eva	havvā	حوا
Dios (m)	xodā	خدا
Señor (m)	xodā	خدا
el Todopoderoso	xodā	خدا
pecado (m)	gonāh	گناه
pecar (vi)	gonāh kardan	گناه کردن
pecador (m)	gonāhkār	گناهکار
pecadora (f)	gonāhkār	گناهکار
infierno (m)	jahannam	جهنم
paraíso (m)	behešt	بهشت

Jesús	isā	عیسی
Jesucristo (m)	isā masih	عیسی مسیح
el Espíritu Santo	ruh olqodos	روح القدس
el Salvador	monji	منجی
la Virgen María	maryam bākere	مریم باکره
el Diablo	šeytān	شیطان
diabólico (adj)	šeytāni	شیطانی
Satán (m)	šeytān	شیطان
satánico (adj)	šeytāni	شیطانی
ángel (m)	ferešte	فرشته
ángel (m) custodio	ferešte-ye negahbān	فرشتهٔ نگهبان
angelical (adj)	ferešte i	فرشته ای
apóstol (m)	havāri	حواری
arcángel (m)	ferešte-ye moqarrab	فرشتهٔ مقرب
anticristo (m)	dajjāl	دجال
Iglesia (f)	kelisā	کلیسا
Biblia (f)	enjil	انجیل
bíblico (adj)	enjili	انجیلی
Antiguo Testamento (m)	ahd-e atiq	عهد عتیق
Nuevo Testamento (m)	ahd-e jadid	عهد جدید
Evangelio (m)	enjil	انجیل
Sagrada Escritura (f)	ketāb-e moqaddas	کتاب مقدس
cielo (m)	behešt	بهشت
mandamiento (m)	farmān	فرمان
profeta (m)	payāmbar	پیامبر
profecía (f)	payāmbari	پیامبری
Alá	allāh	الله
Mahoma	mohammad	محمد
Corán, Korán (m)	qor'ān	قرآن
mezquita (f)	masjed	مسجد
mulá (m), mullah (m)	mala'	ملا
oración (f)	namāz	نماز
orar, rezar (vi)	do'ā kardan	دعا کردن
peregrinación (f)	ziyārat	زیارت
peregrino (m)	zāer	زائر
La Meca	makke	مکه
iglesia (f)	kelisā	کلیسا
templo (m)	haram	حرم
catedral (f)	kelisā-ye jāme'	کلیسای جامع
gótico (adj)	gotik	گوتیک
sinagoga (f)	kenešt	کنشت
mezquita (f)	masjed	مسجد
capilla (f)	kelisā-ye kučak	کلیسای کوچک
abadía (f)	sowme'e	صومعه

convento (m)	sowme'e	صومعه
monasterio (m)	deyr	دیر
campana (f)	nāqus	ناقوس
campanario (m)	borj-e nāqus	برج ناقوس
sonar (vi)	sedā kardan	صدا کردن
cruz (f)	salib	صلیب
cúpula (f)	gonbad	گنبد
icono (m)	šamāyel-e moqaddas	شمایل مقدس
alma (f)	jān	جان
destino (m)	sarnevešt	سرنوشت
maldad (f)	badi	بدی
bien (m)	niki	نیکی
vampiro (m)	xun āšām	خون آشام
bruja (f)	jādugar	جادوگر
demonio (m)	div	دیو
espíritu (m)	ruh	روح
redención (f)	talab-e afv	طلب عفو
redimir (vt)	talab-e afv kardan	طلب عفو کردن
culto (m), misa (f)	ebādat	عبادت
decir misa	ebādat kardan	عبادت کردن
confesión (f)	marāsem-e towbe	مراسم توبه
confesarse (vr)	towbe kardan	توبه کردن
santo (m)	qeddis	قدیس
sagrado (adj)	moqaddas	مقدس
agua (f) santa	āb-e moqaddas	آب مقدس
rito (m)	marāsem	مراسم
ritual (adj)	āyini	آیینی
sacrificio (m)	qorbāni	قربانی
superstición (f)	xorāfe	خرافه
supersticioso (adj)	xorāfāti	خرافاتی
vida (f) de ultratumba	zendegi pas az marg	زندگی پس از مرگ
vida (f) eterna	zendegi-ye jāvid	زندگی جاوید

MISCELÁNEA

198. Varias palabras útiles

alto (m) (parada temporal)	tavaqqof	توقف
ayuda (f)	komak	کمک
balance (m)	ta'ādol	تعادل
barrera (f)	hesār	حصار
base (f) (~ científica)	pāye	پایه
categoría (f)	tabaqe	طبقه
causa (f)	sabab	سبب
coincidencia (f)	tatāboq	تطابق
comienzo (m) (principio)	šoru'	شروع
comparación (f)	qiyās	قیاس
compensación (f)	jobrān	جبران
confortable (adj)	rāhat	راحت
cosa (f) (objeto)	čiz	چیز
crecimiento (m)	rošd	رشد
desarrollo (m)	pišraft	پیشرفت
diferencia (f)	farq	فرق
efecto (m)	asar	اثر
ejemplo (m)	mesāl	مثال
variedad (f) (selección)	entexāb	انتخاب
elemento (m)	onsor	عنصر
error (m)	eštebāh	اشتباه
esfuerzo (m)	kušeš	کوشش
estándar (adj)	estāndārd	استاندارد
estándar (m)	estāndārd	استاندارد
estilo (m)	sabok	سبک
fin (m)	etmām	اتمام
fondo (m) (color de ~)	zamine	زمینه
forma (f) (contorno)	šekl	شکل
frecuente (adj)	mokarrar	مکرر
grado (m) (en mayor ~)	daraje	درجه
hecho (m)	haqiqat	حقیقت
ideal (m)	ide āl	ایده آل
laberinto (m)	hezār tuy	هزارتوی
modo (m) (de otro ~)	tariq	طریق
momento (m)	lahze	لحظه
objeto (m)	mabhas	مبحث
obstáculo (m)	māne'	مانع
original (m)	asli	اصلی
parte (f)	joz	جزء

partícula (f)	zarre	ذره
pausa (f)	maks	مکث
posición (f)	vaz'	وضع
principio (m) (tener por ~)	asl	اصل
problema (m)	moškel	مشکل
proceso (m)	ravand	روند
progreso (m)	taraqqi	ترقی
propiedad (f) (cualidad)	xāsiyat	خاصیت
reacción (f)	vākoneš	واکنش
riesgo (m)	risk	ریسک
secreto (m)	rāz	راز
serie (f)	seri	سری
sistema (m)	sistem	سیستم
situación (f)	vaz'iyat	وضعیت
solución (f)	hal	حل
tabla (f) (~ de multiplicar)	jadval	جدول
tempo (m) (ritmo)	sor'at	سرعت
término (m)	estelāh	اصطلاح
tipo (m) (p.ej. ~ de deportes)	no'	نوع
tipo (m) (no es mi ~)	no'	نوع
turno (m) (esperar su ~)	nowbat	نوبت
urgente (adj)	fowri	فوری
urgentemente	foran	فوراً
utilidad (f)	fāyede	فایده
variante (f)	moteqayyer	متغیر
verdad (f)	haqiqat	حقیقت
zona (f)	mantaqe	منطقه